衡中
劳动教育课

王建勇　贾拴柱◎主编

人民日报出版社

北京

写在前面

　　劳动教育是新时代党对教育的新要求，是中国特色社会主义教育制度的重要内容，是全面发展教育体系的组成部分，是大中小学必须开展的教育活动。为深入贯彻习近平总书记关于教育的重要论述，全面贯彻党的教育方针，落实中共中央、国务院《关于全面加强新时代大中小学劳动教育的意见》，执行教育部《大中小学劳动教育指导纲要（试行）》，衡水中学根据高中生身心发展水平，设计、组织了高中阶段劳动教育系列课程。

目 录
CONTENTS

第一章
学校劳动教育课

1

志愿服务，勇担社会责任

深入车间，体会工人苦乐

走进农田，感受农民艰辛

餐饮服务，体味生活苦累

初涉通信，保障"耳"聪"目"明

体验个体经营，学会热情服务

担当公务人员，服务人民

尝试文教医疗，体谅他人

认识工商金融，感恩父母

其他劳动实践，提升自我

写在后面

百术不如一清——劳动教育总结

第一章
学校劳动教育课

加强劳动教育、培养学生奋斗精神是学校教育的重要内容。《周易》中说："天行健，君子以自强不息。"自强不息是中华民族的优良传统，是改善民生、创造人民幸福生活的重要保证，正如习近平总书记指出的，人世间的一切幸福都需要靠辛勤的劳动来创造。从一定意义上说，学生德行的养成、奋斗精神的培养始于劳动教育。因此，在培养学生德、智、体、美、劳全面发展的当今社会，学校劳动教育在学生培养教育中扮演着不可或缺的角色。

第一节　系列班会

主题班会一：劳动教育，势在必行

一、班会背景

为了切实提高学生对劳动教育的领会，增强学生对劳动教育带给学习生活好处的认知，培养学生健全的人格，加强学生的团队意识，特利用班会时间组织"劳动教育，势在必行"主题实践班会。

二、班会准备

1.提前进行劳动教育的宣讲，让学生充分理解劳动的重要性，激发同学们的劳动兴趣，提升同学们的劳动热情。

2.劳动工具准备：抹布、扫帚、簸箕等。

3.纪律要求：每组20分钟打扫时间。组长安排好任务后带领组员高效打扫，打扫完后回班级集合。

三、班会流程

1.全体同学按男女生进行小组分工，各小组设置小组长。小组长切实履行好职责，保证大扫除的质量。

2.班主任负责跟随监督，及时发现问题、解决问题；制定检查标准和评优标准；实事求是、公平公正地评选出优胜小组。

3.打扫完毕后，班主任现场拍照并回班级进行评比。

4.同学们的劳动教育感想、感悟由班长等班委进行整理并汇总。

5.班主任将劳动成果照片和优秀小组名单发到家长群中，进行表扬。

四、班会评价

满分100分，其中劳动速度20分、劳动效果60分、组织能力20分。

五、班会经验

1.个别小组组织不力，部分同学没有真正用心劳动，不能很好地体现团队共同劳动的凝聚力；个别组长分工不合理，导致个别同学情绪低落；班主任及班委监督不到位。

2.个别小组效率低下，导致时间延误，影响活动完成。

3.在活动中，班级结合实际，把"我以劳动为荣"的理念落实到具体行动中，抓好学生的劳动教育。通过劳动教育，使同学们懂得劳动不仅能改造世界还能提高学习成绩的道理，懂得一切社会财富和文明成果都是由劳动创造的，从而养成热爱劳动的优良习惯，提升集体观念和班级凝聚力。

附：学生感悟

同学A：劳动培养了我们吃苦耐劳的精神。以前的我是一个饭来张口、衣来伸手的"小太阳"，在家懒懒散散，四体不勤，五谷不分。初上劳动课，我感到新鲜，可上完一天，腰酸背疼。第二天清晨，我迟迟不愿起床，结果误了上课时间。经过几天的磨炼，我已有所改变，变得不怕脏、不怕累，俨然是一个劳动者了。

同学B：劳动实践班会不仅让我锻炼了身体，还认识到"团结就是力量，众人拾柴火焰高"，启示我们做事情必须持之以恒、脚踏实地。劳动如此，学习亦如此。以后的人生道路上，我会发扬吃苦耐劳的优秀品质，正视一切挫折，不屈不挠，勇往直前。

主题班会二：校园劳动，人人有责

一、班会背景

为了倡导学生吃苦耐劳的精神，强化劳动的意义，突出劳动的重要性，提高班级凝聚力和合作精神，树立正确的劳动观，特组织室外劳动实践班会。

二、班会准备

1.全体同学分成三组，每个区域选派一名组长带领团队成员。

2.田径场划分为三部分：看台、场地、后台和主席台。

3.劳动工具准备：抹布、扫帚、簸箕、夹子等。

4.纪律要求：每组20分钟打扫时间。各组小组长做纪律监督员，安排好任务后带领组员高效打扫。

三、班会流程

1.组长组织好成员，明确分工。成员按要求有序打扫，高质高效。

2.打扫完毕后，班主任检查并拍照；回班级召开班会，引导同学们明白劳动的意义。

3.班主任总结并形成文字传达给家长，做好宣传工作。

四、班会评价

小组长根据组员个人表现进行打分（按活动过程的表现与进展给予相应的分数），推选出优秀模范。打分要秉持公平公正的原则，不能有失偏颇。选出的优秀模范由班主任给予相应的奖励。

附：学生感悟

同学A：参加义务劳动的光荣感塑造了我们美好的心灵。我们大多是独生子女，父母对我们的宠爱使我们对劳动的概念了解得不够深刻。这次的集体义务劳动使我们体会到了集体的力量、集体的温暖。老师组织我们参加力所能及的义务劳动，让我们对劳动有了更深入的认识，亲身体会到劳动的艰辛和光荣，让我们重视劳动，珍惜自己的劳动成果。义务劳动加强了我们的劳动观念，帮助我们树立了正确的人生观、价值观，义务劳动班会课进一步让我们了解了劳动的光荣和价值。

同学B：在这次室外劳动班会课中，以小组为单位的劳动启发我们在义务劳动中寻找教育，引导我们了解劳动的价值。我们组的同学毫不嫌脏，仔细打扫田径场的卫生，都未因天气寒冷而退缩。看着自己辛勤劳动的成果，我们都会心地笑了。这些成果让我们完全忘记了劳累，也让我们对讲卫生、不随意制造垃圾的行为习惯养成下定了决心。

同学C：学校劳动让我们认识到无论做什么事情都必须持之以恒，只有学会坚持才能达到目标。在劳动的过程中，我们不怕辛苦，一点一滴地努力，最终换来满意的成果。在学习和生活中也当如此。前进的道路不是一帆风顺的，我们总会遇到一些困难和挫折，而我们应该做的，是勇敢地面对，不畏惧、不退缩，向着目标不断迈进。只有这样，我们才能收获成功。

主题班会三：美丽校园，有我一份

一、班会背景

为了承担起维护美丽校园的责任，特安排同学们在劳动实践课上对校园进行彻底清扫。

二、班会准备

1.课前在班级利用投影显示校园鸟瞰图并划分区域（简单划分为宿舍区、食堂区、高一区、高二区、高三区、非教学行政区）。每个区域选派一名组长，佩戴值日牌带领团队。

2.劳动工具准备：抹布、扫帚、簸箕等。

3.劳动记录纸：每个组长领取一张，用来记录各组劳动情况。

4.纪律要求：每组20分钟打扫时间。组长安排好任务后带领组员高效打扫，打扫完回班级集合。

三、班会流程

1.组长划分好各组值日区域并明确职责。

2.组长带队打扫卫生，班主任巡查拍照。

3.打扫完毕回班后班主任进行评分。

4.班主任总结并做宣传。

四、班会评价

卫生提升方面：小组长带队检查每个区域卫生情况，评出最优。

思想建设方面：学生分组讲感悟，评出最优。

活动结束后，由组长对组员进行打分，评选本组内劳动模范。满分100分，其中活动筹备10分（根据筹备情况给予相应分数，不能超过10分）、活动过程60分（根据活动过程的表现与进展情况给予相应分数，不能超过60分）、活动总结30分（根据活动意义的大小给予相应分数，不能超过30分）。打分要秉承公平、公正的原则。

组长进行活动总结，学生投票选出模范劳动组长，班主任为被评选人员颁奖并在班级布告栏内展示宣传。

五、班会经验

1.此次劳动有以下亮点：人人参与，增强了班级凝聚力；组长统筹，秩序井然。

2.此次劳动总结了以下经验：时间安排上，可先选择好小组长，事先进行培训，有利于劳动效果达到最佳；环节设置上，需要更多的老师参与，以便巡查监督是否到位，点评更有说服力；新闻宣传方面，多拍摄照片，既是留存美好的回忆又可宣传班级。

附：学生感悟

同学A：这次劳动让我明白了打扫校园是一件看似简单但其实不太容易的事情。我负责捡拾草丛里的垃圾，发现很多碎小的纸屑挺难清理的。以后我要时刻注意卫生，维护校园环境。

同学B：通过这次劳动，我才发现秋天的校园是多么美丽：小树林里有挂满诱人的石榴树、草丛里有享受阳光的慵懒的猫……对平时学业繁重的我们来说，这不仅是一次劳动，更给了我们一次重新认识校园的机会。

主题班会四：劳动教育，受益终身

一、班会背景

校园劳动是校风建设的重要手段，是学生成长的重要途径，具有树德、增智、强体、育美的综合育人价值。

二、班会准备

1.宣传动员。利用课堂、班会、黑板报、校园广播、校园电视台、学校微信平台和班级家长微信等，宣传劳动教育相关知识，创造热爱劳动的舆论和氛围；在课堂教学中融入校园劳动，在班级开展以"热爱劳动"为主题的班会，深入理解劳动。

2.榜样激励。教师在教育工作中应以身立教、以德育德、以行导行，用"爱和诚"感染学生，用"言和行"引导学生，要用学生自身的劳动行为来树立榜样，要充分引用现实生活中有关热爱劳动的典型案例、任务。

三、班会流程

1.以宿舍为单位分为7个劳动小组，宿舍长为各个小组的负责人。

2.班主任给每个宿舍划分好值日区域，对小组负责人做好培训（包括评分标准、活动时间、具体要求等）。

3.由小组长带队打扫卫生，班主任负责巡查。

4.打扫完毕后，由小组长进行打分、评比。评比结果进行公示。

5.班主任对本次活动进行总结。每位同学写一篇劳动感悟交组长汇总给班主任，班主任将优秀劳动感悟发送至家长群。

6.班主任根据小组评比结果以及活动感悟评出最优小组。

四、班会评价

满分100分。小组间评比包括以下内容。

1.路面落叶没有清理干净，扣5分。

2.有明显的纸屑没有清理，扣5分。

3.电话亭有尘土，扣5分。

4.小组内分工明确、井然有序，加5分；杂乱无章，扣5分。

5.活动结束，工具摆放杂乱，扣5分。

活动结束后，各小组长之间进行打分，评出模范劳动小组；组长对组员进行打分，评选本组内的劳动模范。打分要秉持公平、公正的原则。

组长进行活动总结演讲，学生投票选出模范劳动组长，班主任为被评选人员颁发奖项并在班级布告栏内展示宣传。

附：学生感悟

通过此次室外劳动实践班会，增强了大家的劳动意识和劳动观念，同时也增强了班级凝聚力，对班风建设起到了很大的促进作用。在本次室外劳动实践班会中，大家表现得都很积极，小组长尽职尽责，对值日区域的划分非常到位，督促也很及时，我们从中获益很多。

主题班会五：学会动手，学会成长

一、班会背景

由于现在的孩子大多是独生子女，自理能力有待提升，个别孩子不会洗衣服，不会整理内务。衣服脏了总归要自己洗，内务也总归要自己动手整理，所以开学初特开设了本系列劳动主题班会。

二、班会流程

第一部分：洗衣大对决

主要针对那些自理能力不强的学生。班主任将其分成3组，分别进行洗衣大对决。限定时间10分钟，让他们洗自己的袜子。

评委为自理能力比较强的学生，负责打分。最后，班主任让这些小评委展示他们的洗衣成果。

对于洗衣服这件事情来说，班主任要手把手教，学生要一步一步学。学生要习惯自己洗衣服，哪怕时间再紧张也要挤时间，而不是把脏衣服交给洗衣房或是带回家。习惯是慢慢养成的，一个好的习惯是良好学习成绩的保障。

第二部分：内务大对决

主要针对那些没有住过宿的学生。可借鉴学校培养青年教师的方式，采取师徒制，一个师傅带一个徒弟，师傅负责教会徒弟整理内务，限时3天。班主任评选出最优师徒和进步最大徒弟，评委评选出最优床铺和进步最大床铺。

活动在家长群中进行现场同步图文直播，让家长们在家里也可以为参赛小选手们默默加油打气。

这次内务大对决带给班级的好处，一方面是班级内务成绩在军训当中明显提升，另一方面是学生真正学会了整理内务，并且在校园生活中养成了习惯，哪怕放假回家仍然会保持这个好习惯。还是那句话，拥有好习惯的孩子一定会取得好成绩。

第三部分："我长大了"

班主任利用国庆放假的时机给学生们布置任务，让学生们体验一把"大人瘾"，自己做饭、洗衣服、洗碗……展示方式为录制视频、拍摄图片，让他们体会家长在家干活的辛苦。

　　班主任提前跟家长沟通好，不允许帮助孩子，完全让孩子自己动手，体验从早到晚一天的辛苦。一开始他们少不了匆匆忙忙、狼狈不堪，但是结果会出乎意料，有做大虾的、包饺子的、炒菜的，有帮家里收麦子的、掰玉米的，有帮爸妈洗车、拖地、扫地、浇花的，孩子们真的是样样敢尝试。这次劳动使孩子们收获颇丰，初次体验了家庭劳动的快乐。

　　第四部分：发表感言

　　选取洗衣大对决中的优胜学生、内务大对决中的最优师徒以及"我长大了"活动中表现突出的代表发表感言，谈一谈自己在这一个多月的劳动生活中的感触以及进步最大的地方。

　　第五部分：班主任总结

　　通过这堂特殊的劳动班会课，相信同学们收获应该有很多。大家的进步是有目共睹的，是飞快的。希望通过不断渗透劳动教育课，让孩子们爱上劳动、乐于劳动，在生活当中敢于去承担、善于去帮助他人，从而养成良好的习惯，成为更好的自己。

主题班会六：爱劳动，爱生活

　　一、班会背景

　　通过班会让同学们懂得"劳动最光荣"的道理，明白大家都是班级的主人，值日就应以主人翁的精神认真负责地做好工作，把教室和周围环境打扫干净，使同学们能在干净的环境中学习、生活。

　　二、班会准备

　　1.收集劳动相关的歌曲、视频。

　　2.收集劳动相关的名人名言。

　　3.交流关于劳动的朗诵。

　　三、班会流程

　　1.班会代入。班主任先让同学们观察教室卫生，看哪些方面做得比较好，哪些方面还有待提高，接着引用达·芬奇的名言"勤劳一日，可得一夜的安眠；勤劳一生，可得幸福的长眠"，借此让同学们懂得：只有亲自参加劳动的人，才能尊重劳动人民，才会懂得珍惜别人的劳动成果，才会懂得幸福的生活要靠劳动来创造；劳动是我们中华民族的传统美德。

2.班主任讲解劳动的意义。

历史意义：①劳动创造了人类，人类在劳动中创造了文明；②劳动使人学会了制造和使用工具；③人类的一切成就，本质上都是由有价值的劳动带来的。

现实意义：①劳动能够锻炼身体，增强身体素质；②劳动有益于劳逸结合，促进学习进步；③劳动有益于身心发展，增强成就感和班级荣誉感。

3.由学生代表进行"劳动最光荣"的主题演讲，主要内容包括：①如果不爱劳动，自然就缺乏劳动的体验；②劳动的过程也是实践的过程；③劳动对培养每个人的健康人格具有重要的作用。

4.班主任进行点评：同学们的发言声情并茂，富有激情，从几方面阐述了劳动的价值与意义，有理论有实践，并且从班级的情况出发，非常切合班级的实际，对我们非常有教育意义。

5.由学生代表朗诵《劳动之歌》。

6.同学们结合朗诵，分组讨论今后如何开展劳动（比如，宿舍值日、教室值日和校园清洁），就进一步提高效率、提高标准进行讨论，并制定出执行标准。

7.学习名人名言。

①罗斯金：只有通过劳动，思想才能变得健全；只有通过思想，劳动才能变得愉快。两者是不能分割的。

②冈察洛夫：整个人生就是思想与劳动，劳动虽然是无闻的、平凡的，却是不能间断的。

③乌申斯：教育不但应当培养学生对劳动的尊敬和热爱，它还必须培养学生劳动的习惯。

8.班主任分区域讲解劳动方法。

宿舍：每天睡觉前值日，先扫地再拖地。每周六活动课进行宿舍大扫除，全体宿舍成员都要参与，将卫生间、水房打扫干净。

教室：分工要明确。值日组长要将教室里的各项卫生分配到具体人，做到对应的事有对应的人做，责任明确。如果出了问题，可以快速定位到人。

室外卫生区：打扫要细致，注意落叶、纸屑、烟头等垃圾，并且要佩戴室外卫生区的工作牌。

四、班会经验

通过本次班会，同学们都明白了劳动的意义、价值，并且讨论了劳动的方式、方法。相信同学们在接下来的日子里能够快乐、认真、负责地完成自身的劳动任务，创造更美好的校园环境。

主题班会七：爱劳动，惜成果

一、班会背景

无论是在家还是在校，每个同学都应当以劳动为荣，主动劳动，爱上劳动，要爱惜劳动成果，这些都是一个人自身品质修养的体现。劳动让我们的环境更美好，劳动使我们的人生更有意义。

二、班会准备

1.选取视频片段。

2.收集先进劳模事迹。

三、班会流程

1.班主任播放《武林外传》的片段。佟湘玉对初来同福客栈的郭芙蓉"百般刁难"。郭芙蓉出身名门，干活偷懒又嘴馋，掌柜总是惩罚她。佟湘玉对郭芙蓉语重心长地说，人总不能不干活就吃饭吧，先干活再说。班主任问同学们听到这句话时的体会，对这句话有何深层次的理解。

2.学生分享自己在校期间做过哪些劳动。比如，整理宿舍内务，包括倒垃圾、拖地、整理床铺、洗衣服；清理卫生区、打扫教室和教学楼卫生，包括整理自己的课桌、擦黑板、清理粉笔末、擦窗台。

通过分享，让同学们从日常生活中发现劳动、体会劳动，认识到每一个人都是班级的主人。

3.班主任分享习近平总书记在2015年4月28日庆祝"五一"国际劳动节暨表彰全国劳动模范和先进工作者大会上发表的重要讲话："无论时代条件如何变化，我们始终都要崇尚劳动、尊重劳动者，始终重视发挥工人阶级和广大劳动群众的主力军作用。"这就是我们今天纪念五一国际劳动节的重大意义。

班主任对全国著名劳动模范事迹进行分享。时传祥出生在一个贫苦农民家庭，14岁逃荒到北京，在一家私人粪场当了掏粪工。他是一个"宁愿一人脏，换来万户净"的掏粪工人，他的毫不利己、专门利人的崇高精神受到了党和人民的高度赞扬。

班主任总结劳动是被倡导的，劳动是光荣的、受人尊敬的，劳动背后所体现的是一个人的素质和修养。

4.班主任展示图片，包括农民、工人、教师、警察、环卫工人等在内的各行各业人和值日生劳动的瞬间，通过他们用汗水、皱纹、老茧、风吹日晒的细节来让学生体会和理解劳动的不易，启发学生换位思考自己的劳动成果不被他人珍惜、被肆意破坏会有何感想，让学生明白每个人都要珍惜、爱护别人的劳动成果。

5.学生分享身边的劳动模范并分享该模范的劳动故事；全班评选"劳动之星"；班主任为"劳动之星"颁发奖状并表彰，在家长群反馈表扬，为同学们树立身边的劳动模范。

四、班会经验

通过本次班会，同学们更加明白了劳动的重要性，不再把值日当作一种负担敷衍完成，而是将值日劳动当作一项光荣的任务认真完成。自此，同学们劳动的主动性明显提升，更加钦佩劳动的人，尊重他人的劳动成果，自身的修养和素质也提高了。

主题班会八：劳动创造世界

一、班会背景

在素质教育口号喊得很响亮的今天，由于我们的教育仍然未能逃出应试教育的羁绊，会劳动、乐吃苦的孩子越来越少，轻视劳动之风在校园蔓延，学生"四体不勤，五谷不分"已不再是笑话，衣来伸手、饭来张口、"油瓶倒了不去扶"的现象也绝不是个案。针对这种现象，举行这种形式的班会课，旨在引导学生认识劳动创造世界的重要性，体会劳动的乐趣和光荣，摒弃冷落、异化、扭曲劳动的观念。

二、班会流程

第一部分：播放小品

用小品的形式，表现孩子们从小学到高中对劳动观念的误解。

几个小学生唱着《劳动最光荣》的歌曲上场，边走边讨论老师布置的家庭作业——回家后帮妈妈做一件事，并把经过叙述出来。其中一个小学生回到家里，喊着要帮妈妈做事，要热爱劳动，可妈妈说，"你现在的任务就是好好读书，将来当个科学家，劳动是妈妈的事，不用你管闲事"。

一个初中生上场，一边走一边唱。他手里拿着一个航模，到家后，高兴地喊着"妈妈，我的航模比赛得了第一名"。妈妈迎上前来，不屑一顾地说："只知道玩，你的考试成绩总是不能让妈妈满意。我看你呀，老这样玩下去，明儿长大了，非去扫大街不可。"初中生表现出特别丧气的样子。

一个高中生上场，一边走一边说："考考考，老师的法宝；分分分，学生的命根。今天刚刚期中考试完毕，可要好好放松放松了。"他走进家门，妈妈马上迎上前，给他脱掉鞋子，拿走书包，递上水。孩子跷起腿表现出一副悠然自得的样子，指挥妈妈，一会儿拿这，一会儿拿那……

班主任发言：苏联教育家苏霍姆林斯基认为，离开劳动，不可能有真正的教育。他还强调指出，儿童的智慧在他们的手指尖上。然而，在我们成长的过程中，劳动的时间被剥夺了，劳动的乐趣被忽视了，有的还把劳动当作可耻的事，实际上，就是孩子的价值观被扭曲了。同学们可以针对刚才的小品，结合自己成长的经历谈谈你对劳动的认识，也可以谈谈你的老师和同学对劳动的认识，还可以谈谈怎样纠正这种做法。现在钉钉连线家长，让家长们也谈谈自己的想法。

第二部分：引导讨论

以测试、竞赛等形式，探讨目前这种冷落、异化、扭曲劳动意义现象的原因，使学生重视劳动、热爱劳动。

1.测试：在学生走上讲台的路上放置一些东西，如纸屑、卷子、塑料袋之类。班主任先不说测试什么，看学生上台时能否把丢在地上的东西捡起来，然后宣布测试结果。

班主任：这个题目是几年前在北京举行的一次青少年某项知识大赛颁奖仪式前的测试，结果这些在知识大赛中获奖的同学在这次小小的测试中全军覆没，这说明劳动是体现在生活细节中的。

2.知识竞猜：用动画课件的形式展示人类通过劳动进化的过程，让学生回答劳动在人类进化的过程中起到了怎样的作用。

明确要点：第一，劳动促进了体质的进化（从古猿向人的进化中发展变化最快的是上肢，这是劳动的结果；因为劳动，人不得不直立行走，从而促进了大脑的不断发育和人脑形成）；第二，劳动创造了生活、创造了工具（制造工具是人和动物的根本区别；扩大了食物的来源）。

3.展示两位劳动模范时传祥、袁隆平的照片，说一说这两位劳动模范的姓名及主要事迹。

明确要点：时传祥，新中国第一位受到中央领导人接见的环卫工人；袁隆平，世界著名的水稻专家。

4.竞赛活动：按男女生分组，进行洗衬衫与擦皮鞋的比赛，内容包括洗衣、擦鞋的步骤、效果、时间。

第三部分：总结

苏联教育家乌申斯基说，教育不仅应当发展人的理智，传授他一定范围的知识，还应该在他身上燃起对认真劳动的渴望，没有这种渴望，他的生活就不可能是可尊敬的，也不可能是幸福的。

　　没有劳动教育的教育不是完全的教育，而是残缺的教育，这一点已在许多国家引起了重视，如日本在中小学推行"上山下乡""土留学"的活动、德国法律中对中小学学生劳动内容的规定、美国对中小学学生劳动时间的规定等，都说明劳动对青少年的成长起着至关重要的作用。只有通过劳动锻炼，才能增长才干、锻炼意志，一辈子受益无穷。通过主题班会，大家认识到劳动创造世界的重要性，体味了劳动的乐趣和光荣，希望大家一定要摒弃冷落、异化、扭曲劳动的观念，在今后的学习生活中体会更多的乐趣、在劳动中增长更多的才干，愿我们都能成为劳动的能手。

第二节　场馆

根据我校实际情况，场馆劳动教育主要在食堂、博雅馆、实验室和图书馆四类场馆开展。场馆劳动教育围绕活动前期准备工作、活动具体实施及其标准细则、活动评价与经验总结展开，详细介绍了四类场馆劳动教育的实施过程，在出力流汗的体力劳动过程中有机融入科学技术的学习，让学生在劳动实践中接受教育、锻炼体魄、磨炼意志。在劳动开展过程中，教师全程陪同，既能在实践操作层面加以指导，又能抓住机会在审美精神层面熏陶感染学生，使劳动教育发挥最大作用。

食堂

劳动教育是学校教育中的重要组成部分，尤其是随着教育改革的不断深入、素质教育的不断推进，劳动教育也被摆上了应有的位置。目前，部分学生劳动观念认识不足，劳动时排斥，存在怕苦怕累思想。针对此种现象，我校组织新生开展了食堂劳动教育实践活动。

一、活动准备

与膳食处负责人对接，确定具体活动步骤。

1.活动时间：上午11点15分至50分，时长35分钟。

2.活动区域：食堂1楼南北就餐区域。

3.人员安排：10～15人参加。

4.活动形式：清理食堂大厅地面卫生、擦拭餐桌椅、协助工作人员搬运就餐用具、整理餐具收纳设备和工具。

二、活动标准

1.自由成组，分工负责。

2.对分管区域地面进行清洁整理。要求用拖布擦地，做到地面无杂物、无灰尘。

3.对分管区域餐桌、座椅进行清洁，用抹布擦拭，做到表面无杂物、无污痕、无水渍。

4.整理餐具，装箱、清点数量。目测检查洁净度，对不达标餐具挑出来单独处理。

5.搬运餐具箱，送交配餐窗口备用。保证搬运过程中不二次污染。

6.整理餐具车，清洁表面。放置在指定区域，保持车体摆放平直端正。

三、活动内容

1.清理1楼大厅地面，擦拭桌椅。

2.协助工作人员整理餐具、设备等用具。

3.活动过程：学生分组负责对中食堂、西食堂大厅就餐区域地面进行打扫、墩拖的清洁工作，协助工作人员整理、装箱，搬运就餐用具、餐具装运车等。

四、活动反思

学生只有自发地、具体地参与到劳动实践活动中去，大胆形成自己的假设并努力去证实，才能获得真实的知识，才能发展思维。劳动教育就是突出实践性、综合性的教育，只有让学生积极地投入实践劳动，才能将知识转化为能力，才能更好地培养学生的创新意识。劳动技能的掌握、自理能力的提高、劳动习惯的养成都是在劳动实践中实现的。

此次活动达到了对学生进行劳动教育的目的，让学生充分认识到：劳动需要互相配合、分工明确、相互协作，需要全力以赴，任何人都不能偷懒；一个目标的实现，需要全体成员的共同努力。

博雅馆

一、活动准备

1.思想准备。各班班主任在班会上做好前期宣传，使学生明白生产劳动是人类社会赖以生存和发展的基础，是人类最基本的实践活动。在原始社会中，人人都要劳动才能生存。在阶级社会中，出现了体力劳动与脑力劳动的分离与对立，剥削阶级把体力劳动者作为剥削和压迫的对象。在社会主义中国，实现了生产资料公有制，消灭了剥削与压迫，劳动人民当家作主，劳动是每一个公民的光荣义务；各尽所能、按劳分配是社会主义的基本原则，每一个公民都应该以自己的辛勤劳动对社会主义现代化建设做出贡献。明确本次劳动教育活动的目的是使学生树立正确的劳动观点和劳动态度，热爱劳动和劳动人民，养成劳动习惯，做德、智、体、美、劳全面发展的青年。

2.物质准备。"工欲善其事，必先利其器。"年级部准备好必要的劳动工具，如扫帚、簸箕、拖布、抹布、手套等，各班班主任组织本班班干部到指定地点领取。

二、活动标准

（一）扫地

1.到规定放置工具地点取扫把。

2.对责任区内能扫到的区域进行全面的清扫，将垃圾集中到一处。

3.把垃圾轻轻扫入簸箕。

4.把垃圾倒入垃圾桶里。

5.把扫把放回原处。

（二）拖地

1.在清洁区摆放好警示牌。

2.到规定放置工具地点取拖把。

3.在水房清洗拖布后拧干。

4.从里到外按照"一"字形或者"∞"字形拖地，沿墙踢脚砖都要擦洗。

5.把拖把放回原处。

（三）擦孔子像、桌椅、门、栏杆

1.准备半桶温水，加入10毫升洗涤剂。准备两块毛巾，将其中一块毛巾浸入桶内，取出后拧至八分干。

2.用湿毛巾擦拭孔子像、桌椅、门、栏杆，再用干毛巾擦拭一遍，达到无污渍、无水渍。

3.清洁完毕，清洗毛巾并拧干放好。

（四）擦玻璃

1.用带有洗涤剂的毛巾由上至下左右擦拭。

2.用玻璃刮由上至下"S"形旋转，将水渍刮到橱窗、玻璃底部，再用毛巾擦掉。

3.在清水中搓洗毛巾。

（五）拖布清洁规范

1.将拖布放入清水中浸泡，戴橡皮手套搓洗拖布头。

2.放入1:500消毒水中进行消毒处理。

3.从消毒水中取出拖布，用清水冲洗。

4.拧干、控干，放置一旁备用。

（六）抹布清洁规范

1.将用过的抹布统一收集起来，放入清水中浸泡搓洗。

2.将搓洗后的抹布放入1:500消毒水中进行消毒处理。

3.从消毒水中取出抹布，用清水冲洗。

三、活动内容

上劳动卫生课时，由年级部老师和班主任共同组织学生到博雅馆，划分班级责任区域。班主任盯守并检查操作是否符合标准。

四、活动反思

由年级部老师和班主任共同检查并打分，评选出优秀班级和优秀个人（优秀班级加量化，优秀个人候选"每周之星"），开大会时一并进行表彰。

1.劳动教育的关键是树立学生正确的劳动观点，使他们懂得劳动的伟大意义。了解人类的历史首先是生产发展的历史，是劳动人民创造的历史；懂得辛勤的劳动是建设社会主义和共产主义的根本保证，劳动是公民的神圣义务和权利；懂得轻视体力劳动和体力劳动者的观念是剥削阶级思想残余；懂得把脑力劳动同体力劳动相结合的重要意义。

2.劳动教育还要培养学生热爱劳动和热爱劳动人民的情感。养成劳动的习惯，形成以劳动为荣、以懒惰为耻的思想，抵制好逸恶劳、贪图享受、不劳而获的思想，成长为担当民族复兴大任的时代新人，着力提升综合素质。

3.坚持党的领导，促进学生全面发展、健康成长。把准劳动教育价值取向，引导学生树立正确的劳动观，崇尚劳动、尊重劳动，报效国家、奉献社会。

4.劳动教育要符合学生年龄特点，以体力劳动为主，注意手脑并用、安全适度，强化实践体验，让学生亲历劳动过程，提升育人实效性。

5.加强政府统筹，拓宽劳动教育途径，整合家庭、学校、社会各方面力量。家庭劳动教育要日常化，学校劳动教育要规范化，社会劳动教育要多样化，形成协同育人格局。

6.根据各地区和学校实际，结合当地在环境、经济、文化等方面的条件，充分挖掘行业企业、职业院校等可利用资源，宜工则工、宜农则农，采取多种方式开展劳动教育，避免"一刀切"。

实验室

一、活动准备

实验劳动活动应本着开放性和安全性的原则，既要保证学生主体有足够的劳动实践活动的时间，使学生通过劳动实践活动来理解、认识、探索和创造，又要切实提升学生主体的安全意识并保障学生人身安全。在整个劳动实践过程中，学校要发放防护手套、白大褂对学生进行身体上的防护。为应对劳动过程中突发情况的发生，本次活动将实验劳动教室安排在学校医务室周边，使学生能及时得到救治。

实验劳动活动的实施在年级部的大力支持下统筹劳动时间、劳动人员、劳动地点等，对学生进行活动前的相关教育，确保实验劳动活动高标准、高质量地进行。活动开始前，准备一间未经打扫的教室让学生进行传统的卫生清理劳动，同时准备一些实验过程中使用频率较高的实验仪器，给学生讲解各类实验仪器的名称、功能及使用方法、回收注意事项。在使用过程中，逐一规范每个学生仪器使用方法，让其体验劳动所带来的乐趣。

二、活动标准

1.在评价原则上。本次实验劳动活动的评价，要以学生发展为本的教育理念为出发点，关注每一个学生的全面发展、持续发展和终身发展，注重评价对学生的促进和激励作用：①鼓励、肯定学生参与劳动与技术的学习与实践活动；②嘉奖实验劳动体验过程中具有较强的动手、示范、实验、操作能力和具有探索与创新精神的学生；③按优秀等级分别授予学生"劳动楷模之星""劳动达人""劳动能手"称号。

2.在评价内容上。实验劳动活动的评价是对学生多方面发展目标的整体性评价，主要有以下内容：①参与态度（能主动组织和参与活动表现积极评优秀，能参与活动但主动性不强评合格，时不时参与评不合格）；②合作程度友好配合、互相帮助评优秀，做好自己的评合格，没有交流甚至与他人产生矛盾评不合格）；③活动成果（清理干净、摆放整齐、无任何损坏评优秀，清理干净、摆放整齐、有损坏评合格，清理不干净、摆放未分类、有损坏评不合格）。

3.在评价方式上。本次实验劳动活动的评价过程本身就是让学生受教育的过程，同时也是学生主动学习的过程。评价方式主要包括：①自我评价（25%）；②学生互评（25%）；③教师评价（50%）。本次评价分数分为优秀、合格、不合格3个等级。85分及以上为优秀，60~84分为合格，60分以下为不合格。

三、活动内容

本次劳动实践活动10个人为一组，主要从实验室地面卫生打扫、实验台面清理、熟悉实验仪器、动手组装仪器、实验仪器回收并清理、实验药品回收入柜等方面进行安排。

四、活动反思

本次活动采用传统的劳动方式，做了充足的物资准备和思想教育工作，使全体学生都能够安全、自愿参加本次劳动实践活动，更重要的是多数学生劳动态度积极、操作技能熟练、对自己的活动成果比较满意，达到了预期的活动目标；切实提升了学生的学习能力和解决问题的能力，巩固了相应实验学科的重要知识点，培养了学生热爱劳动的价值观，丰富了学生内心的情感世界，使学生在劳动实践和今后学习过程中时刻保持积极乐观的心态、认真学好学科知识、努力探索技术创新，为我校劳动技术教育的发展奠定了扎实的基础。

图书馆

一、活动准备

1.思想准备。号召广大师生爱护书籍，自觉整理书籍，看完书后自觉将书放回原处，养成良好的图书借阅习惯，共同为全校师生营造一个良好的图书借阅环境。号召广大师生共同爱护书籍，对一些破损的书籍及时发现、及时修补。为志愿者提供一个良好的服务平台，遵从自愿参与的原则。

2.物质准备。年级部准备好必要的劳动工具，如扫帚、簸箕、拖布、抹布、手套等，各班班主任组织本班班干部到指定地点领取。

（1）相关年级负责人写好策划并联系图书馆负责人，说明此次活动内容、方式及目的。

（2）相关年级负责人在年级部的班主任例会上说明活动方案，号召各班学生报名当志愿者，让大家一起参加。

二、活动标准

整理图书馆的图书，及时提醒本班同学借阅书籍要归还至原处，保持图书馆的干净整洁。学生会可以深入班级宣传，也可以在实施时以班级为单位轮流整理，组织宣传教育，并就图书卫生以及书籍整理按照整洁度进行排名打分。

三、活动内容

1.定期组织学生去图书馆整理书籍，将摆放凌乱的书籍统一归类，按目录摆放好，方便读者查找，并保证借阅书桌和书架的整洁有序。

2.发现有破损的图书协助图书管理员进行保护性修补。

3.看见不好的行为及时进行提醒并纠正，告知图书摆放等相关信息。

四、活动反思

1.活动时间要按各班级的课程表安排，坚持课外活动高效有益。

2.活动中轻拿轻放、轻声细语，不能大声喧哗；穿校服，言语文明，行动有素。

3.活动中学生志愿者要保持积极认真的态度，工作要仔细耐心。

4.负责人认真登记好参加活动的学生姓名，及时把活动情况整理到一起。

5.活动过程中一定要拍照留存，并组织学生写观后感。

6.活动结束后做一次总结，如发现不足与缺点及时改进。

第三节　教学楼

劳动是中华民族世代相传的美德，对于在校学习的青少年来讲，脑力劳动与智力劳动同等重要。为了使学生养成良好的劳动习惯，学校应该适当为学生安排劳动任务，并由教师引领学生参与其中，从而使学生在劳动中体会乐趣、增强体魄、磨炼意志，进而形成正确的劳动观念。因此，本文从劳动课的开展意义、劳动课的实施以及劳动课开展过程中存在的问题和改进方向展开探讨，通过对以"劳"育人方针的有效落实，不仅能够为学生提供劳动的机会，渗透劳动技能培育，还有助于培养青少年正确的劳动观念。

在提倡素质教育的今天，德、智、体、美、劳"五育"并举的教育理念越来越受到认同，为了将其落实到具体的教学过程中，学校应更加重视对学生的劳动教育和价值引领。在劳动课上，教师要针对不同劳动区域安排不同的实施过程，以促进劳动教育质量的提升。在体验劳动的过程中，学生不仅能从劳动成果中收获自信心，还能有效掌握一定的劳动技能，促进自身综合能力的发展。

一、劳动课的开展意义

教学楼内主要分为室内休息区和教室内卫生区，它们都是学生较为熟悉的场所，卫生环境的好坏直接影响着学生的心情。在教学楼内开展劳动课能让学生体验到劳动的艰辛，且能意识到他人为保持良好卫生环境所付出的辛苦劳动，这对于提高青少年爱护周围环境的意识、培养学生正确的劳动观念具有重要作用。同时，劳动课的开展还能让学生深刻体会到"劳动最光荣、劳动最崇高、劳动最伟大、劳动最美丽"的理念精神，使学生能够将劳动视为自己应掌握的基础技能之一，并将其应用于实际生活中，这对于培养学生良好的劳动习惯必将产生积极影响。

二、劳动课的实施

（一）室内休息区

室内休息区主要包括读报机及休息区、楼道、公共卫生区、东西楼梯及铁楼梯，在劳动实施过程中应考虑这些区域的特点，以明确实施目标和实施过程。

1.实施目标

（1）确保各卫生区无污物，清理干净。

（2）确保每一名学生都能参与其中，积极不懈怠。

（3）落实对学生劳动方法的引导，并有效培养学生劳动观念。

2.实施过程

（1）先将学生分组并划分劳动区域，介绍各个区域需要关注的劳动方向。

①针对读报机及休息区，要求学生关注读报机的台面有没有污物、胶渍，关注读报机立柱底座面；关注与地面的接缝、电线，要求擦拭干净，没有碎屑，还应注意窗户的沿槽与玻璃等。

②针对楼道，要求学生重视地面、墙面的干净整洁；注意橱柜的卫生清理以及绿植的摆放；关注橱柜周边卫生等。

③针对公共卫生区，强调西侧的连廊，确保地面与墙面连接处、窗台、地面的干净。

④针对东西楼梯及铁楼梯，要求学生重视对楼梯立面、楼层平台死角的清理；重视对楼梯缝隙处、楼梯与墙面死角、楼梯栏杆死角等区域的清理。

（2）通过以上劳动内容的明确，能够让学生对劳动的区域有一个大致的了解。实际上，很多学生在劳动课上都会出现不想劳动、不知从何处入手劳动的情况。所以，在为学生指明劳动方向的同时，还需要关注每一组学生的劳动情况，督促学生参与劳动，并指导学生进行劳动。如在清理地面时，需要先扫干净，再用洗干净的拖布拖地；在擦玻璃时，要先用湿抹布擦干净，再用卫生纸擦，以避免玻璃上留有水渍。

（3）除了进行指导外，要求学生在遇到问题时主动询问，对学生不能放任不管。在打扫楼道时，有的学生不知道如何清理口香糖等粘在地面上的东西，应指导学生先用小刀刮干净再进行打扫，只使用扫帚和拖布不仅浪费时间，效果也不佳。

3.实施效果

在对学生进行监督与指导的基础上，室内卫生区焕然一新，许多学生也对如何进行劳动有了新的认识。与此同时，学生的身心也在劳动中得到了放松，这对于减轻学习压力也起到了积极作用。同时，通过劳动，学生也认识到一些不好的卫生习惯给他人带来的影响，从而有效培养学生良好的道德行为习惯。从综合实施效果来看，劳动课的开展对学生的外在行为和内在情感都产生了一定影响，更加促进正确劳动观念的养成。

4.实施评价

在本次劳动课上，前期具体任务的安排以及实施过程中的督促和指导都是这次课程获得成功的重要前提条件。但是，在小组划分过程中，应该更加重视对不同区域所需人数的考察，避免发生一部分学生过早完成任务或一部分学生长时间未能完成任务的情况。同时，除了基本的督促与指导外，也应该积极参与到劳动实践过程中，以自身为榜样为学生做出正确的指引，这对于进一步培养青少年的劳动观念可以产生积极影响。总之，在下一次的劳动课上，应以该劳动课为基础，不断对劳动课实施过程进行优化。

（二）教室内卫生区

主要包括地面、讲台、后排、门、窗、墙围、窗台、空调、饮水机的卫生，其中很多地方都需要经常进行清理和擦拭，以保证学生始终能够在良好的环境下学习。

1.实施目标

（1）引导学生在劳动课上主动明确教室内需要打扫的区域及标准。

（2）培养学生自主劳动意识。

（3）有针对性地帮助学生掌握劳动技能，引导学生的价值取向。

2.实施过程

在劳动课实施的初级阶段，先将学生进行分组，之后要求各个小组对教室进行观察，并总结有哪些地方需要清理，借此培养学生主动劳动的意识。这期间，学生们以小组为单位进行实地考察，初步明确自己要打扫的方向，再由班主任对各个小组的劳动方向进行明确，开始劳动课。

在劳动课上，大家主要根据自己所负责的区域进行清理。在大家进行劳动的过程中，老师也积极参与到各个小组中并进行适当的帮助和指导。负责地面卫生的小组先进行简单的打扫，之后发现自己应该在最后阶段完成这项劳动，于是开始主动帮助其他小组完成任务。在清理讲台时，学生们不仅清理了讲台与电脑桌交界处的死角，还观察到了讲台与地面连接处的死角。针对后排卫生，学生们注意到了物品的摆放，也主动对班级文化设备进行了清洁，使其重新变得整洁有序。在门、窗、墙围方面，学生们先对前后门进行了清理，之后擦干净了前后门的玻璃，还对墙体上一些污渍和粘贴痕迹进行了处理。针对窗台，大家先对乱摆乱放的东西进行了整理，之后对窗台以及窗户沿槽进行了擦拭。在清洁空调、饮水机时，学生们对物体表面进行了擦拭，也对空调、饮水机与地面连接处侧面、后面等部分进行了清理。

在进行教室内卫生的清理中，学生们的积极性得到了极大的调动，也会主动帮助其他小组的同学。正因为大家的团结协作，才使得这次劳动课完美结束。

3.实施效果

从该劳动课的实施效果来看，学生不仅在初期的观察与分析中看到了哪些地方需要进行清理，也在实践活动中亲身体验到劳动的辛苦，这对深刻认识到劳动的伟大起到了积极影响。同时，在劳动过程中，学生也在帮助他人以及接受他人帮助的过程中拉近了彼此间的距离，这对于构建和谐班级氛围具有重要作用。在整个劳动过程中，学生们的劳动观念得到了树立，并开始重视对身边卫生的清洁，共同维护起班级卫生环境。

4.实施评价

相较于以往的劳动课，从教室的卫生能够更加全面地看到学生的劳动情况，教师也能够及时给予指导，这使学生的劳动意识得到明显增强，劳动能力得到了明显的提升。但是，在实施过程中仍然存在一些问题，如重复性的劳动，也就是学生的配合问题。该问题主要表现为负责下面空间的学生收拾好了，但上面的学生又制造了新的问题。所以，在安排任务的过程中，还需要进行空间上的协调，以有效避免时间上的浪费。

三、劳动课开展过程中存在的问题和改进方向

（一）存在的问题

1.未能树立正确的思想观念

正确的思想观念能够对教学活动起到一定的指导作用，但是由于受传统教学观念的影响，许多教师在面对脑力劳动和体力劳动时都会不自觉地进行区分，从而使劳动课变成了单纯的"劳动"，忽视了对学生劳动技能的培养。同时，这一思想还会影响到学生，使得学生不喜欢上劳动课，甚至会厌烦上劳动课，从而起到了相反的效果。在这种情况下，学生的劳动积极性也会受到挫伤。

2.缺乏针对性和力度

在教学楼内劳动课的开展过程中，教师能指向的内容有限，大多只涉及一些简单的劳动内容，使得劳动力度不足、针对性较差，这一情况会使学生将劳动课当作简单的清洁任务对待，所学到的劳动知识和技能都是有限的，流于形式的劳动课很难真正带动学生感受劳动的价值。显然，学生需要更加广泛的劳动内容，只有让学生在劳动课上学到知识并参与到实践劳动锻炼中，才能强化学生的劳动技能，有效培养学生的劳动观念。

（二）改进方向

1.注意师资队伍建设，培养合格劳技教师

教师在劳动课中起着重要的引领作用，所以学校应加强对教师劳动技能的培养。只有不断提高教师对劳动的认知，才能自主创新劳动课，带领学生真正感受劳动。若想全面发挥劳育对学生的积极作用，还应将"劳技"作为考核标准，使教师真正重视起劳动课，从而发挥出劳动对学生的积极影响。

2.创新实践教育课程，指导学生进行劳动

做好对学生的劳动教育是一个长期的过程，所以创新劳动课、实践教育课程非常必要。在教学楼内，除了进行卫生方面的劳动外，还可以安排学生进行其他类型的劳动，从而在提高学生参与积极性的同时达到培养学生正确劳动观念的作用。

　　总之，在教学楼内开展劳动课能够为学生提供一定的劳动机会，促使学生从中体验到劳动的辛苦并掌握一定劳动技能。但是，要想进一步提升教学楼内劳动课教学效果，教师还应从问题出发，进行针对性改进，以发挥出劳动课程对学生正确观念的培育效果。

第四节　宿舍

根据新课程改革的要求，我校结合工作实际，着重培养学生热爱劳动、热爱劳动人民、热爱劳动成果的美德，进一步提高学生自理自立能力，培养学生发现美、欣赏美、创造美的情操，让学生用眼睛去观察生活，用双手去创造生活，用心灵去感受生活。

寝室是学生生活的主要场所，是反映学生行为习惯的一面镜子，也是学生基本素质在生活中集中体现的场所，更是校园文化的窗口。为了创建整洁、美观、和谐的寝室环境，营造良好的学习生活环境以及严谨积极向上的精神风貌，我校特开展寝室内务整理课程，供大家学习参考。本部分以"育人为主，创新为辅"，把寝室作为载体，将教育与生活技能结合起来，充分培养学生的主体意识和吃苦耐劳的精神，让学生形成乐观的生活态度，拥有美好的生活体验，形成健全的个性与品格，激发他们的潜能，提高他们的积极性。

在劳动课实施过程中，教师组织学生积极参加实践活动，学生军训期间进行学习、操作，而后在校园生活里的每一天都会自觉整理内务。学校建立评比制度，对各班寝室内务整理情况进行评比，评比结果与班级量化挂钩。

一、劳动课的开展意义

整理内务在部队是一项重要的工作。内务，室内卫生的总称，主要是指叠被子、室内各种物品的摆放等。训练内务的整理目的就是培养人的作风，部队雷厉风行的作风，就是从整理内务锻炼起来的。同样，对于中学生，整理寝室卫生也有重要意义。

首先，促进学生学习。卫生状况为物质文化环境，是学生心理健康发展的重要物质载体。据研究，学生成绩与寝室卫生状况成正比，良好的寝室内务卫生能营造良好的学习环境，使学生保持良好的学习心情，提高学习成绩。

其次，提升人际关系。寝室卫生，人人有责，在内务的整理和打扫过程中，能够促进形成学生良好的人际关系，强化学生的合作意识，提升学生统筹安排的能力。

最后，反映精神风貌。寝室卫生状况，一定程度上能反映寝室成员的精神风貌：卫生状况较好的寝室，成员的生活态度比较积极阳光，愿意通过自身努力保持寝室卫生整洁，营造一个良好的生活环境；卫生状况较差的寝室，部分成员生活习惯相对较差，对环境舒适度没有感觉，没有打扫寝室卫生的概念，寝室整体面貌较差。

维持良好的宿舍内务卫生，有利于学校将文明创建与养成教育、学风建设相结合，既督促学生营造舒适整洁的学习生活环境，也帮助学生养成良好的生活作息习惯。

二、劳动课的实施

（一）实施目标

1.引导学生在劳动课上主动明确室内宿舍需要打扫的区域及标准，包括床铺整理、室内公共区域卫生的打扫等。

2.培养学生自主劳动意识。

3.针对性帮助学生掌握劳动技能，引导学生的价值取向。

（二）实施过程

1.宿舍卫生量化制度

①被褥叠放整齐，摆放统一、规范；铺面平整无褶皱，不乱放其他物品；空铺物品摆放整齐、有序。

②床下无箱子，鞋子摆放整齐，洗漱用具摆放统一、有序。

③地面擦干净，盆内无脏水，卫生工具摆放整齐，及时倒垃圾。

④门、窗、玻璃、窗台洁净，窗台物品摆放整齐；灯具、水暖无尘土附着，无物品在水暖上面摆放。

⑤室内空气清新、无异味；不乱挂衣物，无乱拉的晾绳；壁橱顶物品摆放整齐，橱门及时关闭。

⑥卫生间、洗漱间干净整洁，无污渍、无异味、无死角；便池、洗手池光洁如新。

2.宿舍卫生评分标准

项目	评分标准	扣分标准
寝室整理（50分）	床铺不平整，床上有杂物，不整洁	5分/床
	被子摆放不标准或不整齐（包括枕头），未按要求的朝向、方位摆放	5分/床
	鞋子及床底物品摆放不整齐，床下柜子没有对齐	5分/床
	乱拉绳子，乱挂衣物、毛巾等，有乱贴乱挂现象	5分/次
	柜门未关好	5分/次
	地面未及时清理	5分/次
	垃圾桶未及时清理或劳动工具摆放不整齐	5分/次
	墙面、门上及玻璃上有乱涂乱写现象	5分/次
	蚊帐未按要求挂起	5分/次
	橱柜顶上放杂物	5分/次
	损坏公物	10分/次
洗漱间、卫生间整理（40分）	窗台上有杂物	5分/次
	洗漱间门玻璃不干净	5分/次
	垃圾未及时清理	5分/次
	厕所未及时冲洗，地面脏，有异味	5分/次
	洗漱间地面未清扫，有积水	5分/次
	墙面、门上及玻璃上有乱涂乱写现象	5分/次
	损坏公物	10分/次
走廊卫生（10分）	走廊未清扫	5分/次
	墙面有乱涂乱写现象	5分/次
	垃圾未倒入垃圾桶	5分/次

3.任务分工

①宿舍内公共区域劳动值日由本宿舍成员承担，一人负责一周（或一日），轮流值日，个人床铺由个人负责。

②具体操作分五步来进行：a.劳动教育；b.劳动分工；c.现场指导；d.劳动检查；e.量化评比。

③劳动时听从指挥、服从安排，按质按量完成任务，并对照评分标准进行检查核对。

（1）枕头的摆放

①准备：枕头（不宜过大）、枕巾。

②要求：枕头靠墙放置，前端与被子前端平齐，高度不超过被子。

③操作

第一步：将枕头平放到床铺上，用手把枕头压成一个厚度均匀、四面方正的长方体。

第二步：把枕巾抻平，覆盖到成形的枕头上并包起来，将前沿收到下面，整理成方形。注意四边呈一条直线，没有褶皱。

（2）被子的叠法

①准备：被子（日常厚度即可，不必过厚，不宜过薄。毛巾被、夏凉被除外）。

②要求：被子紧贴床沿放置，四层在外，边缘平行，被子顶层水平。所有床铺的被子统一放置在床铺靠近窗户一侧。如有空铺，物品一律摆放整齐。

③操作：叠成豆腐块状。

第一步：把被子整体抻平，平均分成3等份。

第二步：将远离你身体的被子的1/3折叠，用手压平。

第三步：把靠近你身体的被子的1/3折叠，用手压平。

第四步：在被子的1/2处往上提，并用手或胳膊挤压出一道鼓痕，作为分水岭。

第五步：分别在被子两边的1/4处用手或胳膊挤压出一道分水岭。

第六步：折叠、重合，并把挤压的分水岭整理成形。

第七步：摆放，被口朝外。

注意，被子的叠放需要反复练习。如下图所示。

（3）床单的展铺

①准备：床单、褥子或统一的棉垫子。

②要求：床单花纹与床沿平行，将所有褥子都包在床单下。床单边缘整理平齐，不允许有褶皱。床面平整，可将床单向被子下收拢。

③操作

第一步：找出一个参照物，可以是线条，也可以是方格。把远离你身体那一端的褥子和垫子用床单包紧。

第二步：用手扯平床单，用力往外拽。

第三步：把靠近你身体一端的褥子和垫子用床单包紧，用手抻平床单即可（注意床单的外侧是一条直线）。如下图所示。

（4）蚊帐的悬挂

①准备：蚊帐1顶、绳子4条。

②要求：蚊帐使用后必须挂起，四角撑平，不宜下垂。

③操作。

第一步：住在下铺的同学将蚊帐的4个角用绳子固定在床收起架上，拉紧绳子，使蚊帐不下垂。注意蚊帐口朝外，方便使用。

第二步：蚊帐使用后，统一从前口处收起，均匀地铺展在蚊帐顶上。如下图所示。

第三步：住在上铺的同学将蚊帐的4个角用绳子固定在房顶的铁丝上，拉紧绳子，使蚊帐不下垂。注意蚊帐口朝外，方便使用。收起时同第二步。

（5）地面与床下卫生打扫

①准备：扫帚、簸箕、拖布、抹布（纸巾）。

②要求：地面整洁，无任何纸屑、果皮等垃圾，无任何污渍、毛发。

③操作。

第一步：日常生活中，不得随意往地上扔纸屑、果皮等杂物，不允许随地吐痰。

第二步：在中午和晚上休息前清洗好拖布，待室友离开宿舍后，值日生先用扫帚清扫地面，用簸箕把垃圾倒入室外垃圾桶中，然后用干净的拖布擦地，除去一切污渍。

第三步：床下卫生打扫。如若床下没有铁柜，则把脸盆、鞋子（每人不超过两双）同向一致放置床下。脸盆统一放在床下左侧，与床铺外沿在一条线上。脸盆中洗漱用品（仅限漱口杯、牙刷、牙膏、香皂或洗面奶、毛巾、洗发水等日化用品，其余不得放入）有序摆放。漱口杯放置在脸盆内左侧（漱口杯内放置牙刷和牙膏：牙刷带毛一端朝上，统一向外；牙膏放置在漱口杯内的右侧，杯把统一朝左；香皂或洗面奶放置在脸盆内中间，洗发水放置在脸盆内右侧，毛巾（统一折叠成方块状）搭放在脸盆的外边沿靠人的位置。鞋子并排放置在床下右侧（鞋头朝内，鞋跟朝外，鞋跟与床铺外沿在一条线上）。

如若床下有铁柜，则将自己的生活用品（衣服、鞋子、洗漱用品等）有序摆放在铁柜内。取用物品后及时将铁柜推回床下。同一侧的4个铁柜需与床铺外沿在同一直线上。如下图所示。

注意：清扫时，如若地面有头发等不易清理的细小垃圾，可以用纸巾擦拭地面，使地面干净无尘。另外需注意门后、床缝等死角，可用抹布或湿巾清理。

（6）橱柜、窗台、墙壁等公共区卫生打扫

①准备：抹布、纸巾。

②操作。

第一步：橱柜一律锁好，不要敞开；橱顶不要放置任何物品。

第二步：窗台要擦拭干净，物品一律不放在上面。

第三步：不乱涂乱画，不乱钉乱挂（禁止在墙壁任何位置粘、挂、钩），保持墙面洁白。

第四步：不在宿舍内乱挂任何物品（包括衣物、毛巾、袜子等）。

第五步：门玻璃、门框上玻璃、室内窗户上的玻璃擦拭干净，门框上需干净无尘。

第六步：门需要擦拭干净，不得乱涂乱画。

（7）劳动工具的摆放

①劳动工具配备：每间寝室扫帚1把、簸箕1个、拖布1把。

②摆放要求。

第一步：卫生工具要按照以上标准配置，多余的工具送回教室。

第二步：卫生工具要摆放整齐，拖布要涮洗干净，簸箕里无垃圾。

第三步：注意卫生工具周围的清洁，不能有碎垃圾或者毛发、污渍等。

如下图所示。

（8）卫生间的打扫

①准备：扫把、拖把、带柄尼龙刷、抹布、洁厕灵、皂液、橡胶手套和口罩等。

②要求：卫生间打扫干净，无异味；纸篓内废纸等物品及时清理，不得留存；小便池和水箱上擦拭干净。

③操作。

第一步：放水冲刷便池，务必将污物冲净。

第二步：在便池内倒入规定数量的洁厕灵，浸泡一定时间，以发挥最佳效用。

第三步：用毛刷刷洗干净便池和脚踏位置（可以倒入适量的皂液除臭，冲水即可）。

第四步：用拖布清理地面瓷砖和便池边缘，使之无污渍，光洁明亮。

第五步：用抹布擦洗干净水箱、厕所玻璃门，使之无灰尘、污渍。

注意：清理过程中佩戴口罩和橡胶手套；将用后的劳动工具冲洗干净，放回原位；及时开窗通风换气。

（9）洗漱间的清理

①准备：拖把、抹布、皂液、刷子、橡胶手套和口罩等。

②要求：洗漱间打扫擦拭干净，不得放置闲杂物品，不得留有卫生死角。女生宿舍尤其注意将头发一并清理掉。

③操作。

第一步：清理洗手池。用刷子蘸皂液刷干净洗手池上的污渍并用清水清洗干净，用抹布擦干净洗手池上的污渍。

第二步：地面的清理。用涮洗干净的拖把拖擦地面，除去一切污渍。

第三步：对难以清除的死角，可以用抹布擦拭清理。对于头发等难清理之物，可以用湿巾或者纸巾擦拭。

第四步：用抹布擦干净洗漱间的玻璃门。

（三）实施效果

以宿舍为单位的劳动课开展，有助于提升宿舍内部的团结协作度，从侧面加强学生对集体生活的融入感，进而提升在校生活的幸福感。在进行宿舍内劳动课程时以高标准、严要求进行实践，亲身体验到劳动的辛苦，这对学生更加深刻地认识到劳动的伟大起到了积极作用。同时，生活环境的优化提升，有助于学生在劳动中感悟生活美、在劳动中不断追求美、在劳动中不断实现美，真正将德、智、体、美、劳全面发展蕴含在劳动课教育中，对于学生的终身发展有积极意义——基于学校劳动教育进而提升学生在家时的劳动积极性，从而拓宽劳动教育的外延。

（四）实施评价

通过本课程，增进了宿舍成员之间的友谊，培养了学生的社会公德心和集体意识。对于个人而言，更是一次很好的美育教育和释压方式，增强了学生的动手能力，促进了学生的身心健康。

三、劳动课开展存在的问题和改进方向

（一）存在的问题

1.未能形成持之以恒的好习惯。室内寝室劳动课往往是以老师为主导、学生为主体的集中活动开展，取得效果大多数依靠老师强有力的督促和大量时间的集中劳动，然而寝室是住宿生每天必然性常规活动范围和区域，没有了老师的课程主导，学生们清洁自律的卫生劳动意识缺乏。

2.个人卫生与公共卫生不协调。大多数学生对个人内务十分看重，自己的被子、铺面、枕头三件套整整齐齐，但是到了公共卫生区域，如水房、厕所、洗漱台、地面等公共活动区域，保持清洁、予人便利的意识欠缺，未引起足够的重视。

（二）改进方向

1.将集中性活动课程与常态化评价机制相融合。通过集中性劳动课程引导学生正确进行寝室内劳动，并通过常态化、周期性评价奖励来帮助学生养成清洁自律的习惯和意识，如每周进行一定频率的卫生联查来检验学生的平时习惯并汇总排名，公布排名靠前学生以激励学生。

2.进行公共卫生分区管理制，一人一责。将公共区域按照就近便利的原则分配给宿舍每一位成员，一人一责，点对点管理，并加大公共卫生区域的评价力度和执行效能，帮助学生形成社会公德心，对集体负责，对他人负责，对自己负责。

第五节　室外

室外劳动是对争先精神、创新精神、忧患精神、精细精神、敬业精神、进取精神、担当精神、团队精神的培养，更是培养社会公德心的重要一环。我校尤为重视室外劳动教育，并将校园划分板块，责任落实到班，制定合理的劳动制度，严格把握劳动时间和工作量，贯彻落实有关校园劳动班级量化制度，积极弘扬"我劳动，我光荣"的奉献精神。学校还为每个班级准备了多种室外劳动工具，大到扫把、拖布，小到抹布、板擦，后勤部门严格做到及时更换、及时补充。为此，各班开展了为期一天的校园劳动日。

在早预备、大课间等固定时间点进行校园劳动，从班级室内到走廊、楼道、校园甬路，合理分配值日生，落实值日制度。教室内清扫每一个角落、擦净每一块瓷砖，楼道擦亮每一张展牌、每一级台阶，室外的一纸一屑、一叶一塑都要清理干净。学校环境小卫士——学生会卫生部成员每天为校园劳动严格把关，为校园环境锦上添花。

一、活动准备

1.思想准备：利用班会进行劳动教育的宣讲，让学生充分理解劳动的重要性，激发同学们的劳动兴趣，提升同学们的劳动热情；明确纪律要求，遵循限时高效原则，给予每组20分钟打扫时间，宣读任务完成验收标准；安排好任务后高效打扫，打扫完后回班集合。

2.劳动工具准备：抹布、扫帚、簸箕等。

二、活动标准

1.小组长负责制：各小组设置小组长，小组长切实履行好职责，保证大扫除的质量。

2.老师全程跟踪：做好活动照片留痕及存档，制定检查标准和评优标准，实事求是、公平公正地评选出优胜小组。

3.课程记录要存档：劳动教育感想感悟由班长等班委进行整理，汇总并留存。

4.活动表彰：将劳动成果照片和优秀小组名单发到家长群中，进行表扬。

5.活动评分标准：满分100分，其中劳动速度20分、劳动效果60分、组织能力20分。

三、活动内容

1.小组长负责制：班级所有同学以宿舍为单位进行小组分工，各小组民主选出小组长（推荐宿舍长），由小组长对组内成员的区域任务分工进行划分。

2.小组成员各司其职后，班主任进行课程跟随和督导，并及时发现室外劳动的协作问题、安全隐患，与学生商讨出应对策略并及时解决。

3.打扫完毕后，小组长首先进行成果验收，再由班主任进行二次检查并将劳动成果拍照后回班进行评比。

4.班主任召开主题班会，针对活动过程中的问题和亮点进行评价总结并引导学生积极发言。学生分享的劳动教育感想感悟由班长等班委进行整理和汇总。

5.班主任将学生们的劳动成果照片和评比优秀小组名单发到家长群中，进行集体表彰，加强对孩子们的动态展示，增进家校互联亲密度。

附：家长评价

我觉得这项活动很好，在生活上对每个孩子都有启发，劳动的同时也让他们收获了不少知识，更让孩子们体会到了父母每日的操劳。衡中培养的不仅是高分的学霸，更是吃苦耐劳、坚忍不拔的国家人才。作为家长，我很支持这项活动。

第二章
家庭劳动教育课

　　家庭劳动教育伴随人类社会的产生而存在，不仅历史悠久，而且自古就是家庭教育中必不可少的教育环节和内容。家庭劳动教育在古代家训家规中可窥一斑。

　　古语云："遗子黄金满籯，不如一经。"通过勉励孩子劳动使其自幼培养起独立生存意识和劳动创造能力。唐太宗以《诫皇属》作为皇室的箴言来告诫他的皇属们："每著一衣，则悯蚕妇；每餐一食，则念耕夫。"唐太宗以此告诫皇属们要尊重和爱戴劳动人民，珍惜来处不易的劳动成果。朱柏庐对家庭劳动教育意义认识十分深刻，他在《治家格言》中开篇就提出"黎明即起，洒扫庭除，要内外整洁；既昏便息，关锁门户，必亲自检点。一粥一饭，当思来处不易；半丝半缕，恒念物力维艰"的要求，这对后世家庭劳动教育都产生了深远的影响。

　　在今天高科技带来人类更加便捷、舒适的生活环境时，随之而来的负面影响就是使人变得更加懒惰，预防和抵消这种负面影响的有效办法就是加强劳动教育和实践。

　　然而，现实中劳动教育特别是家庭劳动教育却有失偏颇，各种问题不断发生：家庭对独生子女的过度呵护，造成学生在劳动态度和劳动行为上的依赖；严重的"重智轻劳"倾向，造成学校在劳动教育上的偏失。

　　我国青少年研究中心、青少年发展基金会所做的一项调查显示：中国城镇家庭的孩子参加家务劳动的时间与其他国家相比存在着较大的差距。中国孩子每天平均劳动时间为11.5分钟，而美国为72分钟、韩国为42分钟、英国为36分钟、法国为30分钟、日本为24分钟。这些调查数据充分反映出我国孩子参加家务劳动的时间远远低于其他国家的孩子——相当于美国孩子的1/6，仅为韩国孩子的1/4、英国孩子的1/3左右。由于职业期望和价值观的偏颇，家长"重智轻劳"，逐渐剥夺了孩子的劳动权利，大部分家长不要求孩子做家务。当孩子以学习为由拒绝做家务时，多数家长表示妥协，劳动只得让位于学习。种种迹象表明，学生的劳动机会在减少，劳动能力在削弱。

上述教育弱化甚至扭曲的现象必将对孩子的基本生存能力和全面发展产生重大、不可估量的不良影响，我们必须采取积极必要的措施予以解决。

我校始终坚持落实立德树人这一根本任务，促进学生德、智、体、美、劳全面发展。劳动教育中，我校坚持把家庭劳动教育放在重要位置，利用节假日等学生居家的时间全面推进家庭劳动教育，成效显著。学生们通过走进厨房、洗刷衣物、清扫房间、修理器具、种植蔬菜、手工制作、深入田间等活动参与到家庭劳动的方方面面，这不仅让孩子们树立了正确的劳动观念，养成了良好的劳动习惯，还真正把孩子培养成具有独立生存能力的、有责任感的社会人。学生们在劳动中培养了高尚的道德意志和品质健全的人格，促进了生命个体的全面发展，对发展其聪明才智及动手能力发挥了重要作用。

第一节　学生感悟

家庭劳动，我有想法

◎ 劳动创造了美（张栩康）

劳动最光荣。随着年龄的增长，我决定为父母做一些力所能及的事。

平日都是妈妈劳动，终于，我也体会到了妈妈的辛苦。放假回家，我决定来个大扫除。说干就干，我拿起扫帚开始扫地，仅仅一遍下来，我的背就开始酸起来。最让我头疼的是，用簸箕时，总是有小灰尘不肯进入它们的"新家"，于是我使用了秘密武器——拖布，灰尘立刻束手就擒。见有些灰尘反抗到底，还是守着它们的"老家"，我把拖布升级，改成湿拖布，向灰尘发起最后的进攻。灰尘在我的进攻下，一点点灰飞烟灭。一番折腾，我累得几乎站不起来了，但是看着干净的地面，开心极了。

劳动后我非常疲劳，体会到了劳动的辛苦，体会到美好生活的来之不易。一分耕耘，一分收获，我明白了"只有付出辛勤的汗水，才能换来丰硕的劳动成果"。紧张的学习之余，做一点儿家务是一种积极的休息，不但可以通过改变活动形式来调节大脑机能，而且有利于增强体质、促进健康。

劳动的乐趣无穷无尽，你可以体会到用自己的劳动创造出一个个成就，这种乐趣，这种喜悦，就像在生机盎然的春天里辛勤地劳动、在满地金黄的秋天里收获那样无法用语言来形容。劳动像甜甜的豆沙糕，让你体会到乐趣；劳动像苦苦的果实，让你感受到疲劳。劳动有喜有忧、有苦有甜，真是百般滋味在心头。

一个人家务劳动的能力越强，生活技能越高，独立生活能力也越强，从而对生活充满自信心，能独立面对各种困难。

中华文明延绵五千年，劳动创造了一切。勤劳的人再穷，也会有富裕的一天；懒惰的人再富，也会有贫穷的一天。"自己动手，丰衣足食"的道理，我们应该永远牢记心中。劳动是体现一个人有修养、有道德、有文化、有内涵最明显的标志。

其实我们无论做什么事情，都必须持之以恒，不达目的誓不罢休。劳动如此，学习亦如此，只有认定目标、脚踏实地，才能"绳锯木断，水滴石穿"。我会在以后的人生道路上，秉承劳动给我的启示，发扬吃苦耐劳的优秀品质，正视一切挫折，勇往直前。

◎ 家庭劳动感悟（刘冠男）

踏着晨曦去劳动，不管睡眼惺忪，不管挥汗如雨。短短一天的时间，来也匆匆、去也匆匆，苦中有乐、酸中有甜，留下不尽思索。

在这次短暂的假期中，我和父母一起做了一顿饭，然而以前，我都是在父母不断的催促声中才恋恋不舍离开被窝去吃饭。在这次体验做饭的过程中，原来一道看似简单的菜，想要把味道和口感做到最佳，往往需要注意很多细节。任何一个时机没有把握好，都会影响成品的效果。尽管最后的结果并不是十分完美，但是在这次过程中积累的经验和教训让我受益匪浅。

劳动创造了美，它是脑力劳动和体力劳动的完美结合，这意味着我们不能只局限于身体上的动作，更要用脑、用心、用精神去体会。

劳动培养了我们的社会实践能力，它使我认识到课本知识是不够的，应积极投身于社会实践，经风雨，见世面，丰富人生阅历。

劳动培养了我们的责任心，它使我认识到职业没有高低贵贱之分，它也让我明白，一个人活在世上，一定要有自己的本分，知道自己应该干什么、应该怎么做、如何做到最好，一定要尽到自己该尽的责任。

只有用心做事，才能学到更多，而学到的任何技能和知识都可能成为未来生存的工具。劳动是一个人生存的手段，是幸福人生的保障。没有劳动，我们的生活会变得怎样？如果没人安分守己做好自己的本职工作，社会秩序将一塌糊涂，所以要用心工作，过好每一天，干好每一件事。

我们每个人都需要劳动。劳动是一个创造的过程，是一个创造自身价值的过程，在创造中寻找乐趣和意义才是劳动的最高境界。

◎ 勤于劳动，方得始终（刘家豪）

劳动，是中华民族的传统美德。世界著名作家高尔基曾说，我们世界上最美好的东西，都是由劳动、由人的聪明的手创造出来的。是啊，无奋斗不青春，无劳动不青春。唯有勤于劳动，才能成就一番事业；唯有勤于劳动，才能收获成功。

古今中外，有许许多多劳动造就的传奇人物。家庭并不富裕的克罗克在快餐店打工时，一心想当老板而不想擦桌子。他回家后向父亲抱怨，父亲听完后，语重心长地对他说："孩子，打扫桌子是件很简单的事情，但是如果你连桌子都擦不干净，甚至不想擦，你还能做什么呢？"自此，克罗克牢记父亲的话，勤于劳动，坚持不懈，最终在10年后创办了自己的快餐店——麦当劳。开国元勋朱德，为了保卫井冈山根据地，和战士们一样，脚穿草鞋，身背斗笠，翻山越岭去挑粮。他白天挑粮上山，夜里批阅文件，战士们生怕他累坏了，于是有人提议把朱军长的扁担藏起来，大家异口同声地说"好"，可是第二天，朱德又拿出新削好的扁担出现在挑粮队伍中。战士们又藏起朱德的扁担，朱德马上找了上好的毛竹又削了一根扁担，还在上面刻了"朱德的扁担"几个字。克罗克和朱德的事例都告诉我们，劳动是成功的必经之路。

诚然，不劳动无以成。经相关调查发现，经常做家务的孩子，责任感更强。所以，我们应积极地把握假期时间做家务，这样不仅可以锻炼我们的身体，还能培养我们的责任感，同时也可以通过做家务这件小事来引发我们"如何做事才能做好"的思考，进而学习到解决问题的方法。

同样，劳动也可以使家庭更美好。在我们的身后，总是有坚强的后盾，那便是我们父母。当我们考得好时，他们会积极地鼓励我们，他们的喜悦比我们更多；当我们没发挥好时，有母亲安慰的话语和父亲温暖的胸膛支持着我们，即使他们有时疲惫不堪，也仍耐心、细心地照顾我们。他们用包容代替生气，用温暖代替严厉。羊有跪乳之情，鸦有反哺之恩，所以，利用每一次短暂的假期，多为父母做些力所能及的事，体会一下父母平时的艰辛与不易吧，这既有利于我们站在父母的角度思考，也能使家庭更和睦，让父母露出会心的笑容。

人生求得快乐的最好方法莫过于劳动，劳动是我们发展进步的源泉。作为新时代的青少年，我们应以辛勤劳动为荣，以好逸恶劳为耻，热爱劳动、积极劳动、勤奋劳动、尊重劳动，培养自身责任感，增强家庭和睦的氛围。勤于劳动，方得始终。我们应积极劳动，用劳动撑起青春奋斗的底色！

◎ 逐劳动之光，扬抗疫之帆（刘笑源）

庚子年初，一场突如其来的新冠肺炎疫情带走了春节该有的喧嚣，武汉乃至整个中国都陷入了沉静之中。冲破沉寂，是一个个抗疫逆行者用包裹在防护服下的白色背影绘出了属于中国的战疫之胜利。相对于居家隔离的生活，我们也未必不是参与这场战疫的士兵，我们在用自己的方式与疫情战斗，劳动，便是隔离生活中必不可少的一部分。

3月本是春暖花开、万象更新的时节，我们却被无形的囚笼困在家中。我像往常一样在早饭过后用酒精给家里各处消毒，从阳台到卧室，不放过任何一个角落。当空气中弥漫着熟悉又冰冷的酒精气味时，我感到了小小的成就感。

在学校的号召下，我走进了厨房，也想小试牛刀。从买食材、搜教程到亲自上手，看着油在新鲜的食材间翻滚，再到装盘时的期待，我体会到了劳动的乐趣；家人品尝时的表扬，更是让我欣喜。

劳动可以有很多种形式，学习也是一种劳动。"万卷古今消永日，一窗昏晓送流年。"在知识的海洋中，听时光流逝，以无声镇四野，以梦为马，不负韶华。在学习的劳动中，每一秒都值得。学习，是我们当下最重要的事，是我们的本分。

劳动有利于我们自身的发展。在劳动中，我们为社会做出了贡献，提升了自身的价值，我们从劳动中收获、成长，恰如郁校长所说"存千秋之功，成万世之业，必待非常之人"，而劳动，让我感受到了自己也可以是一个"非常之人"。中华民族从不缺少苦难与艰辛，面对倭寇侵略，八百壮士高呼"来世再见"，我们便是他们的来世，我们的未来就代表了祖国的未来。

　　爱默生曾说，世界上的每一件东西都有自己的价值，我们也应该相信自己的力量与价值。在劳动中，我看到了自己的价值，我可以为小家献出自己的一份力，我也可以为大国奋斗拼搏。劳动，便是为世界晋文明、为人类造幸福，如"创造青春之家庭，青春之国家，青春之民族，青春之人类，青春之地球，青春之宇宙，资以乐其无涯之生"般。小至做家务，大至为实现中华民族伟大复兴中国梦而奋斗，我们都在劳动，都在为社会发展献出自己的一份力量。

　　劳动是我们的责任。作为新时代的青少年，我们有义务为中华民族伟大复兴中国梦的实现献出自己的一份力。无劳动，不青春；无奋斗，不青春。正青春的我们理应用双手为中华民族的宏伟蓝图添上闪耀的一笔，用汗水为中国的现代化进程铺开新的画卷，用脊梁去丰盈这个属于我们的最好的时代。

　　劳动造就了人类之辉煌。当万物于混沌中重组，当人类文明的足迹出现在这颗星球上，劳动便是生活中不可或缺的一部分。从"刀耕火种"到"铁犁牛耕"，从石器时代到工业革命，人类在劳动中探索、进步，书写着属于我们的人类史诗。那是一次又一次精彩的跨越，是一个又一个耀眼的成就，是一个又一个时代的脊梁。

　　逐劳动之光，扬抗疫之帆。待岁月鹜过，山陵浸远，时光敲碎了冰面，汗水浸满了春天。劳动，是我们的责任，更是成就我们的阶梯，让我们用自己的汗水，点亮抗疫星空。银河辽远，吾心滚烫，千言万语化为"值得"二字。

◎ 劳动，铸就成功之花（段延鑫）

劳动的滋味是怎样的呢？

　　想着这个问题，我做起了家务，对母亲平时的抱怨有些不信。

　　我先舀了一大勺水，倒在水池里，然后拿起抹布浸湿，拧干，按照扫地的顺序先擦卧室。我把每一件东西轻轻移开，擦过后又轻轻移回去，确保擦干净每一个角落。

　　打扫完后，大汗淋漓的我才发现，原来看似很简单的一件事，也需要付出努力与汗水。

　　看着整洁的家，劳动的含义与滋味在我心中明了了：劳动，是一次汗水浇灌，是一颗真心倾付，是一份努力付出。

通过做家务，我清楚地认识到，生活这份礼物所付出的与收获的，永远都成正比，惊喜与惊吓从不是一刹那的得到，而是积累的过程与交织。

劳动对所有人来说，永远都是无比荣耀的词语与动作，一分耕耘一分收获，也如一条准绳悬挂在每个人心中，清晰明了：是一足一迹的脚踏实地，是一点一滴的努力付出，是辛苦付出的酣畅淋漓，更是在劳动中学会奉献、懂得感恩。

劳动不仅是这一天的整理与付出，更是分分秒秒的体现、时时刻刻的奉献。

我们生活在自己与他人共同劳动的世界，共同享受着自己与他人的劳动成果。

通过这次体验，不仅让我明白，一切的丰收都需要努力与汗水的浇灌，更让我明白感恩。

"劳动最光荣"不能限于口头说说，更是实际行动——以自己的实际行动证明所感、呼应付出。

有人说，世界上最美好的东西都是由劳动、由人的双手创造出来的，只有人的劳动才是神圣的。

"锄禾日当午，汗滴禾下土。谁知盘中餐，粒粒皆辛苦。"我觉得人生求乐的方法，莫过于尊重劳动。一切乐境，都可由劳动得来；一切苦境，都可籍劳动解脱。劳动是一切知识的源泉，所有现存的好东西都是创造的果实。

有人说，劳动不过是又一次的消磨时光与白白浪费，可是我们在每一次劳动中所收获的远远甚于无目的的消磨与度过。

生活就像是天秤，你付出得多，它会向你倾斜；你付出得少，它也会毫不客气地把运气与机会投向他人。

我们无时无刻不在劳动，也无时无刻不在享受他人的劳动。劳动不仅是对外在的提升，更是一次内在的升华。

我认为劳动注重的是过程，是付出之后内心那种无法言说的满足感与愉悦感。

劳动创造财富，劳动造就幸福。有人说劳动是一切知识的源泉，这一字一句中所蕴含的都是我们应付出、应努力的哲理。今天的我们可以踏着钢筋水泥板，徜徉在历朝历代文人墨客徘徊吟咏的小巷，于文学之页感悟他们深情的文思，但我们之所以能生活在这样一个安逸幸福的时代正是由于一代代人的劳动，用他们的精神与汗水建筑成功之桥、构想自信之花。

再试看如今峥嵘岁月，无论是科技突飞猛进，还是世界第二大经济体的深刻影响力，都在昭示着我们努力劳动之后的所得，激励着我们前进。

而面对现在的新冠肺炎疫情，每个人都清楚地明白自己的头上悬着一把剑，但所有人不管以哪种方式都在劳动中共同迎接挑战、渡过难关。

劳动最光荣，劳动着的我们时刻焕发着光彩，向着自己心中的信仰去努力，去成长。

◎ 我是热爱劳动的"小蜜蜂"（孙硕琦）

我曾听过一首动听的歌曲："太阳光金亮亮，雄鸡唱三唱，花儿醒来了，鸟儿忙梳妆；小喜鹊造新房，小蜜蜂采蜜忙。幸福的生活从哪里来？要靠劳动来创造！"的确，劳动是最光荣的，带给我们许多满足的幸福感。

说起"劳动"一词，大家并不陌生。在生活中，劳动是一笔难得的人生财富，绚丽和精彩都是在不断的劳动中创造出来的！美国著名发明家爱迪生曾经说过，世界上没有一种具有真正价值的东西是可以不经过艰苦辛勤的劳动而能够得到的。是的，无论在哪里，无论做什么事，只要付出辛勤的汗水就有收获，这一点你是否已经感受到了呢？

其实，对于我们中学生来说，我们所能做的力所能及的事只是用最质朴的方式尽点儿微薄之力而已。在我的心中，我觉得只有为家长们做点儿什么，才可以抚慰我平日里对父母养育辛劳的深深歉疚和表达我的感恩。

生活在21世纪的我们，更应该时时刻刻以劳动这一美德塑造自己。劳动是一首诗，每一个行动都是美丽的韵脚；劳动是一首歌，每一次收获都有好听的音符。于是我们沉醉，我们快乐，我们张开嘴巴，吸一口清凉的空气，惬意得如同腋下生出两翼，感觉有一种飞翔的渴望！

就拿我第一次做家务活来讲，刚开始，我以为洗碗、刷筷子这种小活儿根本不足挂齿，我这样想着便大步流星地走到水池前，信心十足地挽起袖子。刷筷子很简单，就是将筷子拢成一束，用清水一冲，两手一搓，然后齐刷刷地装进筷子笼里。紧接着，我迅速地把一摞碗放进水池，向它们进攻。我很熟练的用右手抠住一只碗的碗底，旋转起来，只感觉那碗就像水中的泥鳅一样滑溜。我正得意之时，谁料想这只淘气、不听话的碗咪溜一下，滑出了我的手掌心，360大转弯叮叮当当掉在地上碎了。我并没有被吓到，而是及时总结经验教训，继续劳动。接下来，我小心细致地洗剩余的碗。不一会儿，所有的餐具便干净而整洁地"回家"了，那明镜似的水池，照出了我欢喜的容颜。

恰在此时，妈妈走过来，对我的"优秀杰作"赞不绝口，我被夸得有些不好意思了。妈妈带着欣慰的笑容走后，我望着她的背影，心中涌起阵阵涟漪，其实只要我真诚而耐心地帮妈妈做一件小事，就能看见疲劳了一天的妈妈脸上最灿烂的笑容，这是很值得的，这是对妈妈含辛茹苦养育之恩的最深情与最实在的报答。

对于我来讲，这就是一件幸福非凡的事。从那以后，我爱上了劳动。

我们讴歌劳动，是为了记住过去；我们热爱劳动，是为了开创未来。我们是劳动者，更是未来世界的主人。让我们用心去感受世界，用我们的实际行动去美化世界，传承热爱劳动的美德。

走进厨房，体验生活

◎ 成长的美味（马周）

由于爱吃，也迷上了做饭，闲来无事，我便走进了厨房，大展拳脚，让大家尝尝我马大厨的手艺。

"做什么好呢？"我走到冰箱前，拉出抽屉，只见里面的冰霜冒出缕缕白烟。什么都不会的我，一阵纠结后，被一袋饱满的鸡翅吸引了眼球。对，就做我最爱吃的可乐鸡翅吧。

看着冻得硬邦邦的鸡翅，我把它们倒入盆中，放入凉水，让其自然解冻，然后去备料。葱、姜、蒜、花椒、八角、盐、糖、生抽、老抽、料酒，光这些名字我就记不住，更别说认了，不用说，都是妈妈来准备，我来记。还有最关键的可乐——这个我比较熟悉。怪不得每次妈妈做的可乐鸡翅这么好吃，原来光调料就这么多。

这时鸡翅已经解冻了，我马大厨开始烹饪了。我先用刀在鸡翅上划两刀（妈妈说这叫"改刀"），再拿一个大点儿的盆，将鸡翅放进去，把盐和料酒一股脑儿倒入其中。记得妈妈说鸡翅要在油里煎一下，所以经过10分钟的腌制之后，我便开锅烧油。眨眼间，油就冒起了小泡，我扔进了一个鸡翅，顿时，油点子四处飞溅，呛人的烟也随之冒了出来，我和妈妈被呛得同时咳嗽了起来。我一下想到妈妈每天就是在这种烟熏火燎中为我准备美味三餐的，心中不由得感到酸酸的。一顿饭就如此不易，那么一年、十几年又是怎样的辛苦呢？顾不得感激和细想，我壮着胆子，拿锅盖护着脸，将鸡翅一股脑都倒入锅中。这次还好，油只发出"吱吱"的"抗议"声。在锅中翻炒一会儿，等到鸡翅两面都变成金黄色，我把提前准备好的调料都倒入锅中，最后加入可乐，没过鸡翅。盖上锅盖，调中火炖15分钟。看到鸡翅在褐色的可乐中翻滚着，咕嘟咕嘟冒着泡泡，我总算是松了一口气，静等美味的可乐鸡翅出锅。我突然好想抱抱妈妈，告诉她，以后我为她做饭。

15分钟后，我关火、开锅，把颜色鲜亮、香气喷鼻的鸡翅盛入盘中。我擦了擦头上的汗，满满的成就感。

◎ 在劳动中成长（胡佳俐）

我喜欢吃饺子，但今天遇到了一个难题——擀饺子皮。

妈妈说做饺子的整个过程中擀饺子皮最为重要，为了让我学会这项技术，今天晚上我就是那个擀皮的人！

我对于擀饺子皮实在是不擅长，刚开始的时候很不熟练。我很羡慕妈妈几秒钟就可以擀好一个几乎挑不出毛病的圆形的皮，也因为妈妈的展示，我误以为擀皮很简单。

"不就是一边转一边擀吗？"我自信地接过擀面杖，模仿起妈妈的样子。或许是因为我双手配合得不太协调，又或许是因为第一次干这样的活，总之，我扯坏了七八张皮，还做出来一些奇形怪状（反正不是圆形）的饺子皮。

"我就不信这个邪！"我又拿起一小块面团擀了起来，谁知没擀两下，那块面团就紧紧地抱在擀面杖上。我急忙用手去剥，可面团就是死死地赖在擀面杖上不下来，弄得我两手都是面，也没把它剥下来。

妈妈看着我手忙脚乱的样子，便耐心地指导我："擀饺子皮要先撒点儿干面。你刚学，动作不用那么快，先擀一两下再换边就好了。"妈妈说着，又给我做了一个分解版动作。

我再次拿起一小块面团，学着妈妈刚才的样子小心地擀了起来，擀得又大又薄。妈妈告诉我要轻轻地擀，于是我又按照妈妈教的方法，反复练习，终于和妈妈擀出来的饺子皮样子差不多了！

爸爸告诉我："如果皮太薄会被饺子馅撑破，如果皮太厚饺子馅可能煮不熟。"

终于擀出来像样的饺子皮了，我开心极了！

后来，我从网上看到教程："擀饺子皮也是一种技巧、一种学问，不可能一上手就会，得经常锻炼才行。而且，我还要给你点儿建议，在你按小面片的时候，要按得圆。你按得圆，擀出来就会很圆；相反，擀出来可能就是方形的。"

这番话让我觉得按面片和做人一样：如果一个人从小就接受到很好的教育，长大后一定是个有素质、品行端正的人；但如果这个人从小就不正直，长大后会有所作为吗？所以，从现在起，大家都要从一点一滴像按面片一样修正自己的言行，做有素质、有教养的人。

◎ 自己动手，丰衣足食（牛子彤）

"一屋不扫，何以扫天下？"家务劳动是体现个人修养的关键因素之一，暑假期间，我正好大展身手，打扫卫生、炒菜。

早晨爸爸妈妈上班去了，我自己在家写了一会儿作业，觉得很无聊，脑海里突然闪出一个想法：打扫卫生。我把抹布洗干净，先擦茶几，接着擦沙发和书桌。连着擦两遍，自我检查过关后，我把洗好的抹布晾在阳台上。地面还有点儿脏呢！我拿起拖布，在水里涮了涮，戴上胶皮手套，把拖布拧干，一个房间一个房间地拖。开始我是前进式地干活，但是老留下脚印，怎么会这样呢？我又变为后退式拖地，这次不留痕迹了。虽说房子不大，可我已是挥汗如雨，背心都湿透了，但看看自己打扫的房间一尘不染，我也乐在其中。

家务劳动仅仅打扫卫生可不行。我平时觉得爸爸做的西红柿炒鸡蛋和辣椒炒肉特别好吃，也留意过他做菜的步骤，于是午觉起来准备做菜。

我拿出4个鸡蛋、3个西红柿，先把西红柿洗干净，切成一块一块的，又把鸡蛋打破，把蛋清和蛋黄搅匀并放上少量的盐，接着从冰箱里取出一块猪肉，待它似化非化时切成片（感觉肉还有冰碴子时特别好切）。我把切好的肉片放在一个盘子里，撒上点儿淀粉，倒上点儿味极鲜，搅拌均匀后取一个鲜辣椒，洗净、去籽、切块。看看快5点了，我打开燃气灶，往锅中倒入适量的油，并打开油烟机，待油稍热后，倒入鸡蛋。不一会儿，鸡蛋呈黄色凝块，我用铲子把它弄成几块，再倒入西红柿，来回翻炒。看到西红柿的汁液和鸡蛋互相交融，说明该出锅了，我撒上点儿盐，拌匀。西红柿炒鸡蛋搞定了！

我洗干净锅，待热锅上的油不再冒烟并无沫时，放入花椒、葱花；听到花椒传来"啪啪"的声音时，把肉片倒进锅里，用铲子来回翻炒；等到肉片由红色变成白色后，倒入少许酱油，盖上锅盖；等到水快烧干时，放入辣椒和盐，搅拌一下。香喷喷的辣椒炒肉出锅了。

不干不知道，干起来远比说起来费力。第一次在无人指导的情况下炒菜，生怕水烧干了，我寸步不离厨房，隔一会儿就掀开锅盖看看，浑身被热气笼罩，真可谓"夏练三伏"。

我的劳动和厨艺得到了爸爸妈妈的肯定，后来我也时不时地露一手，真是"自己动手，丰衣足食"。

◎ 记一件小事（孙嘉晨）

"劳动创造美""劳动最光荣"……这些熟悉的口号我一点儿都不陌生，但当我真正投入其中时，才感受到"美"与"光荣"背后的艰辛。家务劳动如此辛苦，而父母平时操劳又是这般不易。

西红柿炒鸡蛋听起来简单，真正动手时我却力不从心。平时看妈妈轻轻松松地把西红柿切成大小均匀的块，动作十分流畅，今天轮到我切时，手却不听使唤似的，一刀切下去，西红柿被分成大小两块，再逐一切成小块。块头大小不一，但并不影响口感。我小心地将鸡蛋壳轻轻敲裂，一掰，蛋液流入碗中，搅匀之后便是漂亮的金黄色。打开煤气，我被突然蹿出的火苗吓了一跳，慢慢把开关拧到小火那边。锅烧热后，我轻轻地倒入少许油，待油烧热，再慢慢倒入蛋液，等蛋液凝固后倒入大大小小的西红柿块，加入少许盐炒上一会儿，西红柿炒鸡蛋就完成了。

做饭是一件看起来简单的事情，真正动手时才知道有多么麻烦，但是只要经过第一次之后，第二次、第三次就会轻松许多，如此下去会越来越娴熟。我们应该体谅父母，多为他们做些力所能及的事情。

◎ 做泡菜有感（肖雨峰）

暑假期间，生物老师留了做泡菜的作业。

刚一放假，我就兴致勃勃地开始制作泡菜。我在家里找出一个密封玻璃瓶，准备了圆白菜、胡萝卜、白萝卜、芹菜、泡椒以及各种调料，然后按照网上介绍的方法，洗好菜一股脑装入瓶子，加好调料、水，封上瓶子，坐等自己亲手制作的美味泡菜。一天、两天、三天……我的泡菜有了变化，瓶子里的水开始变得有些混浊。等到可以吃的时候，瓶子里已经变成煮蔬菜汤的样子了——我的泡菜全烂了！

我沮丧地请教妈妈，她悉心传授了我一些秘诀。我振作起来，重新制作泡菜。

第一步，家里的泡菜坛子用清水冲洗两遍，用白酒擦洗一遍，再用开水烫一下晾干。同样还是那些蔬菜和调料，但是蔬菜洗过之后，不是直接放入坛子，而是控水，让蔬菜略微蔫一点儿。第二步，坛子里放入矿泉水，然后把洗净、晾晒好的蔬菜分层码入坛子——根茎类的放在下面，叶菜类的放在上面，加入盐、花椒、姜、冰糖等各种调料，关键还要加入一两白酒。第三步，盖好坛子盖，把坛沿的水槽加满水。从那以后，我只要看看坛子沿水槽里的水少了就加一点儿水。十几天后，家里人吃上了我亲手制作的美味泡菜。听着家人称赞的话，我心里是满满的成就感！

两次制作泡菜的经历让我明白，生活中那些看似简单的事物其实一样有各自的规律，做起来要用不同的方法和步骤，需要我们用心研究。同样，有些事情看起来很难，但只要掌握规律，应用的方法得当，也能变成简单的问题，所谓"世上无难事，只怕有心人"。

◎ 扬梦想之帆，起未来之行（尹鹏）

网课期间的生活虽然不似在学校时紧张地度过，但在家的学习生活也同样激情高涨。我一直都想在网课期间动手为父母做一次饭，但因为学习紧张，总是没有时间。公共自习的时间是如此宝贵，即便我想做家务，父母也没让我动手干过。

学校开展的劳动活动终于给了我一个机会。做点儿什么好呢？翻看冰箱之后，我打算做咖喱牛肉饭。首先上网找教程，然后一刀一刀平整地切开泡好的土豆、胡萝卜，再将牛肉放入盆中，打开水龙头，用流动的冷水让肉由内到外完全解冻。随即制作米饭。用一锅底的香米再配上浸没第一道刻度线的蒸馏水，完美。我的烹饪正式开始啦！

虽然之前烹饪过，可当我再次抄起这些锅碗瓢盆的时候颇有些手忙脚乱。首先倒入几毫升的橄榄油，片刻后放入葱花。等葱花焦黑、热油滚烫，牛肉随之进入锅内，爆炒之后香气扑鼻，一块块土豆和胡萝卜纷纷滚落，接下来加入足够量的清水——"哗"的一声爆鸣。这虽是看起来不起眼的关键一步，可把握好这一步便能把握好接下来的每一步了。

我从冰箱中取出一份盒装的咖喱放入锅内，顿时一股浓郁的香气喷薄而出，之后往里加入一茶勺的盐，剩下的便是在抽油烟机的轰鸣运转下等待。盖好锅盖，看到水被耗到只剩少部分意味着耗汤结束，伴随着叮的一声，米饭也好了。接下来该做什么了？当然是喊爸妈来吃饭啦！

取一铲香糯的米饭，盖一勺美味的咖喱牛肉，看着父母在饭桌前大快朵颐，我深深体会到了他们的不易——时间会用一种极其巧妙的方式慢慢证明真理，而它也会用一种残酷的方式逐渐流逝。"子欲养而亲不待"，放下眼前那些并不重要的琐事，多陪陪为我们日夜操劳的父母，为他们做点儿力所能及的事吧。

作为一名光荣的衡中学生，家庭是我们的第一个课堂，随后是学校——我们日夜追求卓越的地方。我们终有一天会从校园离开进入社会这人生的最终课堂，认识社会、了解社会、投入社会是我们的必经之路，而"一屋不扫，何以扫天下"，做一次饭、扫一次地看似微不足道，实则是我们在实践中拓宽眼界，在劳动中内化沉淀。

扬梦想之帆，启未来之行。让我们做更好的自己，回馈一切美好，不负身后那殷切热烈的目光，不负"天将降大任于斯人"的历史使命，不负这个最好的伟大时代。

◎ **在劳动中成长（杨雪）**

花的生长经过苦难的洗礼，人的成长需要劳动的磨砺。

在真正践行劳动之前，我或许并不能算是一个完整而优秀的人，仅仅是一株温室里的花朵，徒有表面颜色，于是我开始漫无目的地寻找，寻找另一种生长的方法，一种磨砺自己的方法。一次老师留下的作业给了我方向和磨砺的机会——去劳动，去为家人做一道菜。

对一些人来说这可能不是什么难事，可对我，一个"十指不沾阳春水"、连煤气灶开关都找不到的小姑娘，却是件莫大的难事。当我走进厨房，望着那一件件既熟悉又陌生的家用电器，心中是无限的忐忑。父亲从未见我进过厨房，除了惊奇，还有一丝欣慰："这是要做饭？能劳动劳动也不是坏事，希望你在这次做饭的经历中成长一点儿。加油吧！"说着，拍了拍我的肩膀走出了厨房，留我一个人不知所措地待在原地，可我总不能退缩。

我深吸一口气，仔细回想平日里各种影视剧中少得可怜的烹饪环节，选定了炒土豆丝这一看似简单的家常菜。我挽起袖子，拿了几个土豆，将它们放在水槽中洗净上面残存的泥土，开始了削皮的环节。

我右手拿起削土豆的器具，左手捧着土豆。一个没拿稳，皮没削下来，土豆却重重地摔在了地上，本不平整的表面又新添了几道"伤口"。我实在是想不通，平日里憨厚乖巧的土豆到我的手里怎么变得那么放荡不羁、不服管束。我只得叹口气，认命般地拾起它，重新开始我未完成的"伟业"。最后，几经波折的土豆终于乖乖躺在我的菜板上，等候发落。

我平时拿笔捧书的手非常灵活，可拿起刀后竟变得异常笨拙，恍惚间我觉得这已经不是我的手了，拿刀的手抖得不成样子，只得学着父亲的样子，刀落又起——案板上并不是土豆丝，更像是土豆条或土豆块。别无他法，我只能硬着头皮继续切。菜板上的土豆像在和我作对，始终不肯屈服在我的刀下变成丝状。我怒火心中烧，咬牙一切，竟划破了自己的手指。痛感从伤口处席卷全身，每一个细胞都叫嚣着"放弃"，我只得暂时放过土豆，"整顿军容，下次再战"。

外面的天已经黑了下来，星星一颗颗爬上天空。我贴上创可贴，再次回到厨房。"敌军"与我瞪眼相望，再次"短兵相接"。有了上次"自损八百"的经验，我这次"征伐敌军"时分外小心。终于，土豆在案板上成了不规则的碎块，长的、短的、宽的、细的，却唯独没有细长的丝状，可我也觉得十分满意了——土豆丝虽丑，却是我向胜利迈进的标志。望望天空，星星一闪一闪，似乎也在为我摇旗呐喊。

父亲见我久在厨房中不出来，于是进来视察，正巧发现了我对着燃气灶满面愁容。在父亲的帮助下，我终于打开了燃气灶。蓝色的火焰燃烧着，我将锅放在上面，按"军师"的指导一步步操作，虽不是一帆风顺，但也比单打独斗强。一片混乱之后，我最终奋斗的成果——炒土豆，放在了桌子上。

晚饭时，全家人坐在一起，望着我那盘炒土豆，无人动筷。终于，父亲率先夹起一条放入口中，略皱了一下眉头后，转头向我露出了笑容，伸出大拇指，称赞我。大家纷纷夹起一条，匆匆吞下。

我夹起一块土豆放入口中，咸味与辣味混在一起，随之而来的是蔓延的苦味。五味居然在一块土豆上聚集，我不禁对我的厨艺汗颜。

正当我欲将那盘土豆端起来倒进垃圾桶时，父亲拦下了我。"难吃是难吃了点儿，但也是你第一次的劳动成果，下次一定会有进步。一步步来，总得有个摸索的过程。"我听了，着实感动，忽然觉得那盘炒土豆不再是一盘炒土豆，更像是我劳动后成长的标志。我回头看看那黄中透黑的土豆，心中升腾起一种满足，就像丰收的农人手捧金黄的稻穗，欣慰于劳动后的收获。

尽管花儿还未完全开放，可它经历了一场风雨，花苞悄然绽开，等待着下一次的风雨和不久后的开放。我正在通过不断劳动、不断学习，成为一个完整而优秀的青年。当我踏出温室，磨砺过的意志与身体便不再脆弱，终能独当一面。

◎ 郓"酱"挥斥（孟洁）

春风，染红了桃花；夏雨，吻绿了山峦；秋露，浸黄了枫叶；冬霜，漂白了万里山河。踯躅过春风夏雨，踟蹰过秋露冬霜。历经岁月，沉淀沧桑，白云苍狗，斗转星移，方得郓"酱"挥斥。

梅雨时节，家里到处都长毛。趁着阳光热烈，我翻箱倒柜，发现埋藏在柜子里的几袋黄豆，有些已经坏了。剩下的扔了怪可惜的，我转念一想，不如做豆瓣酱吧。

我飞奔进厨房，高兴地嚷嚷："咱们一起做豆瓣酱吧！"祖母眉眼弯弯，笑着答应。

我费劲儿将黄豆倒腾出来，祖母熟练地将黄豆倒进锅里，每煮一会儿就尝一下熟了没有。等祖母告诉我黄豆煮熟了，我靠近一看，煮黄豆的水竟然成了黄色。这时，祖母笑着告诉我："煮黄豆是有方法的，煮的时候一定要看水，如果水变成黄色，就是好了。我一直在尝黄豆，如果豆子吃起来面一些的话，也是好啦。"我点了点头。这时祖父拿出一个专门做酱的袋子，再拿出一个大盆子，把黄豆倒入盆子，再往豆子上面倒一些面粉，让面粉全部和黄豆粘在一起，装入袋子。之后，祖父拿出准备好的棉衣，把袋子包起来放在箱子里。祖父把箱子抱到楼上，让太阳的光芒把豆子暴晒、发酵。过了几天，祖父重新把发酵好的豆子倒入盆子。祖母将准备好的花生、西瓜、食盐和五香调料水倒入锅中，然后把发酵好的黄豆一并倒入，小火煮20分钟左右，倒入盆里。祖父把煮好的黄豆酱拿到房顶再次暴晒。

两天后，我怀着激动的心情爬上房顶，一股酱香味扑鼻而来。我一蹦三尺高："成功啦，好厉害啊！"祖母慈爱地摸着我的头平静地说："你要是像我一样做了几十年的酱，也能这么厉害啊。"我似懂非懂地点点头，思绪随着酱香味飘向远方。

◎ 有劳动才有远方（崔淑涵）

有一种味道，是时间冲不淡、记忆抹不去的——不只是美食的味道，还有最难遗忘的劳动味道。

——题记

"酱者，百味之将帅，帅百味而行。"奶奶是做酱的好手。小小酱瓶，轻轻打开，酱的香味便在空气中氤氲，醇香的酱味扑鼻入肺，缠绕心间。追寻着酱香中那独特的味道，我缠着奶奶开始了酱的制作。

奶奶拿出了少许黄豆——黄豆刚拿出来时非常硬，仿佛预兆着这次酿酱并没我想的那么轻松。奶奶把这些黄豆炒好后，让我盛一碗黄豆磨粉。黄豆在碗中仿佛坚硬的石头，随着时间的流逝，我感到越来越无能为力。奶奶抽出空来轻轻拍了拍我的肩膀，说："别停啊，知道做酱的不容易了吧，这就是酱道。你要好好体会一下这劳动的滋味啊！"听了奶奶的活，我抹了一把汗，将袖口高高撸起，走，停，走，停……残阳落日，我一鼓作气，把黄豆磨破、去壳，这时天空中那隐隐约约的星辰仿佛也在鼓励我，闪耀着肯定我的劳动成果。奶奶把剩下的步骤做完，将黄豆平铺于平底箕里。几天后，小小的黄豆便发酵了，这时酱虽未成，我却仿佛已经闻到了酱香中那种独特的味道，也许那就是劳动的味道吧。

半个月后，豆酱呈红褐色（或棕褐色），鲜艳有光泽，黏度适中，味鲜醇厚，咸甜适口，其中劳动的味道是如此独到……酱香，将我劳动的心盈满。

我们看到了劳动的梦想，就像种子一样，在每一张犁中绽放，在繁忙的春日中穿行，在我们强壮的骨骼中发芽，然后，茁壮成长成灿烂的希望，幸福地站在金灿灿的秋天里。我咀嚼着流淌在沉重谷穗里的喜悦，体会着那弥足珍贵的美味……

劳动，体悟"刺绣五纹添弱线，吹葭六琯动浮灰"；劳动，体悟"晨兴理荒秽，带月荷锄归"……我以心中的酱道，去悟劳动。有劳动，有远方……

洗洗刷刷，感受清洁

◎ 洗袜子（李光晞）

终于又放假了，真是无比开心的一天！一出校门，感觉天变得更蓝了，不知不觉竟然快要冬天了，我只想回家舒舒服服地窝在床上听听歌，放松一下。放假带回很多脏衣服，当看到妈妈帮我洗校服累得腰都抬不起来了，我马上想到和妈妈一起洗，于是决定先给自己洗袜子。

我在盆里放些水，然后把袜子放到水盆里认认真真地洗起来。我的袜子真是又脏又臭呀！我在袜子上放了洗衣液，用两只手使劲儿地搓来搓去，一下、两下、三下……手都搓红了还在继续搓，搓完了前尖搓后跟，搓完了一只搓另一只。袜子越来越白了，盆里的泡泡越来越多了，水越来越脏了，这让我想起了一个脑筋急转弯——什么越洗越脏？那就是洗衣服的水呀！我把洗完的袜子拧干，又接了一盆清水，把袜子放进去洗干净，然后再接水再洗一遍，袜子终于干净啦。看着干干净净的袜子，想着明天穿着自己洗的袜子上学，心里美滋滋的。

我把洗完的袜子晾在了晾衣架上，妈妈用夸奖的目光看着我，我大受鼓舞，决定整理房间。

我先扫地，扫地时扫帚带起了很多灰尘。妈妈告诉我扫地时要把扫帚压低，不能让灰尘扬起来，我这才明白，原来扫地还有窍门呀。扫完地我又拖了地，地面干净了，接下来我要整理床了。我把床上的东西都放在凳子上，再把床单掀起来，用手抖了几下，放在了一边，然后把垫被调到最佳的位置，接着把床单端端正正地铺在了床上，再把被子放到床上，像叠军被一样叠得整整齐齐，和枕头一起按照学校要求的那样摆放在床头，最后把我的洋娃娃摆在了床上。看看整齐的床铺，我满意地点点头。接下来，我开始整理书桌。我把桌子上的东西都放在凳子上，然后用湿抹布把桌子擦干净，再把书本放在桌子上整理整齐，将笔墨纸砚通通归位。忙活了一上午，觉得干活好辛苦，但看着干净整齐的房间，我露出了满意的笑容。

我才干了一上午就已经很累了，而妈妈却是整天在干活，妈妈真的好辛苦，我应该经常抽空帮妈妈多做一些家务！

◎ 小家务，大学问（张笑恺）

吃过晚饭之后，我决定让妈妈休息，自己把碗洗了。说干就干，我转念一想："我从来只知道端碗吃饭，可不会洗碗啊。"又一想："如果洗不好，妈妈会生气吧。"爸爸看见我愁眉苦脸的样子，对我说："没事儿，我教你。"我鼓起勇气，想着一定要把碗洗干净。

我打了一盆水，把碗放进去，谁知洗了3遍，怎么也洗不干净，摸起来总是黏糊糊的。爸爸说："别白费力气了，冷水是洗不掉油脂的，得用热水才行。"我看着水盆，不好意思地笑了。

我又换了一盆热水，将碗、筷子放入，泡了一段时间后倒入洗洁精用抹布在碗里转圈使劲儿抹。爸爸又对我说："这样是不行的，应该用抹布沿着碗的边缘来回抹。"说着动手演示了一遍。我照着爸爸的样子去做，果然很快将一个碗洗好了。我拿给爸爸看，爸爸对我说："洗得不错，继续。"接着第二个、第三个……我越洗越快，不禁心里自喜，我终于可以给家里出一份力了！

最后，我拿起抹布在桌上乱抹，怎么也擦不干净。爸爸说："不能这样抹，应该有条理地一点一点地抹，这样才能干净。"我按照爸爸的要求抹好了。真没想到，小小的刷碗和擦桌子家务竟有如此大的学问。

◎ 用耐心对待困难（刘岩松）

我拖着疲惫的身躯，放假回到家里。已经忙了一上午的母亲，看到我回来，笑着说："回来啦，儿子！你们班说要家庭实践，回头你帮妈妈刷锅。"我一听，心中有一种轻视的感觉："不就是刷锅吗，太简单了。"

我飞也似的洗完脸，冲进厨房。

我先打了一些水，倒入锅中，接着拿起带柄的钢丝刷，冲刷锅里讨厌的油腻。刷呀刷……咦？怎么还有油腻？再来一遍，怎么还没刷干净？

第三遍、第四遍、第五遍、第六遍……我刷呀刷，怎么就是刷不掉？而且，全身发痒，手上沾满了油腻。我急了，直问自己："奇怪了，平常觉得简简单单的一件事，到我手上怎么就变得如此之难？"心急则体热啊，额头上，"滚滚长江"开始奔流直下。

我是个急性子，做什么事总想一帆风顺。如今，被这点儿困难所阻挡，困难似乎从一个小水沟霎时变成了高不可攀的珠穆朗玛峰，挡住了我前进的步伐，拦住了我通往成功的道路，使我不知所措，但我总不能傻站在这儿干着急吧。

正当我一筹莫展时，脑海里回忆着妈妈刷锅时的景象：倒……然后……对了，妈妈总是先把水烧开再刷锅，我也试着这样做，啊，这方法再灵验不过了——滚烫的开水，将锅里的油腻散开，这样，锅刷起来既快又干净。看，我用这种方法刷的锅，干干净净，一点儿油腻都没有。

瞧，如此一件小事，也得花上精力，也得用智慧才能做好。而且，妈妈成天要洗衣服、拖地板、做饭……比起妈妈来，我刷这么一口锅，简直是小巫见大巫。我们都应该多帮帮父母做些力所能及的家务，减轻他们肩上的担子。人们常说"一屋不扫，何以扫天下"，要想做大事，必须先做好各种小事。

清扫房间，营造美好

◎ 成长的细节（黄楚涵）

今天天气闷热，一大早，知了刺耳的叫声把我吵醒了。我伸伸懒腰，不情愿地起床了。刚走到客厅，只见地板上都是灰尘，我实在看不下去了，这么晴朗的天不如帮父母做些家务。虽然在家我是父母的心肝宝贝，从不做家务，但在学校也学了一些，比如，擦窗、扫地、拖地……虽然做得不是很好，但是也过得去。

开始做家务了。我先拿来一把扫帚，把脏东西仔仔细细地扫啊、扫啊，全都扫一遍，再扫一遍，把每一个角落都扫得干干净净，把扫出来的脏东西全部放到簸箕里。然后，我拿着干净的抹布擦玻璃。我先在玻璃正面用力擦过来擦过去，再把抹布缠在手指上，把窗户的四个角落擦干净，最后擦反面。和正面一样，擦过来、擦过去。瞧，人影都清清楚楚了。

开始擦茶几了。我把抹布洗了一下，把茶几上的所有物品都移到另一个地方。我先把有污渍的地方用湿巾擦，然后用抹布一点一点地擦，遇到难擦的地方就用抹布多擦几遍，直到擦干净为止。最后，我把物品又小心翼翼地移回茶几上。这不，茶几被我擦得亮晶晶的，似乎在说："谢谢你，好姐姐，给我洗了个舒服的澡！"这时，我又看见洗手间里放在搓衣板上的牛仔裤——正是我的，便又开始洗牛仔裤。我先接了一盆水，然后把牛仔裤往盆子里一扔，溅了我一身水。我把牛仔裤放在搓衣板上，抹了许多肥皂，用力在洗衣板上搓，不时用带肥皂泡的手擦汗。妈妈正好进来，看见我一脸的肥皂水，哈哈大笑起来。我忙去照镜子，只见镜子里面是一只"小花猫"，也禁不住哈哈大笑起来。妈妈对我说："洗衣服应该用适当的力气搓，像你用那么大的力气，妈妈洗那么多的衣服，手岂不是要洗断了吗？"妈妈的话直到现在还印在我的脑海里——做家务也有技巧，不能全凭体力。我以后还要帮妈妈洗更多的衣服。

这次做家务，我不仅知道做家务这么辛苦，也会体谅父母了。

◎ 尊重劳动，尊重人生（刘子劢）

在学校经历了漫长的学习，刚回到家感觉一切都不适应。爸妈上班没有时间，于是我自己动手收拾房间。

我在学校堆积的脏衣服宛如一座小山，隔着袋子都闻到了袜子的味道；地板有些脏，床上的被子也有些乱。我接了满满一大盆水，将袜子泡到水里，又将脏衣服扔进洗衣机。我一遍又一遍与袜子"作斗争"，看着盆中的水逐渐由混浊变清澈，不禁喜上眉梢。将洗完的衣服挂在衣架上，看着一件件干净的衣服整齐地排列着，我像一位骄傲的将军检阅自己的士兵，心中成就满满。我将拖布洗好，在地上笔走龙蛇，将一层层薄灰擦干净，又弯腰拖桌子下面、床下。干完这些后，我满头大汗、气喘吁吁，忽然，目光落到了家里的玻璃窗上，发现很脏。对，擦玻璃吧！可是转念一想，擦玻璃多费事，我又不想干了，反正妈妈一定会擦。但是，我又想到爸爸妈妈每天下班回来都疲惫不堪，我也是家中一员，也应该承担一些家务。于是，我还是决定擦玻璃。我准备好抹布、旧报纸、清洁剂，再用脸盆盛满水。一切准备完毕，我双手紧握着鸡毛掸，小心翼翼地掸呀掸，果然，灰尘纷纷往下落。接着，我把清洁剂放入水盆里，然后把抹布浸湿、拧干，在玻璃上一下一下按顺序擦。我想，这样擦一定能擦得很干净，仔细一看，灰尘没有了，可玻璃上面却留下了一道道水迹。我赶紧拿来报纸，顺着水迹仔细地擦。不大一会儿，水迹消失了，我松了一口气。忽然，我发现窗户角上有一个黑斑点，刚要去擦，又想反正那个斑点在角落里，不显眼，别擦了，这时妈妈的话在我耳边响起："做什么事都要有耐心，要认真、仔细，不能有一点儿马虎。"是呀，妈妈的话是对的。于是，我凑上去，用嘴哈了几口气，用指头把小斑点抠掉，又擦了擦，玻璃终于被我擦得干干净净。

在劳动中我收获了很多，第一就是要尊重别人的劳动成果（有的同学一点儿都不尊重父母的劳动，他们真是不知道劳动的苦），第二就是劳动真光荣。看到房间被我扫得干干净净，我心里有说不出的开心。

◎ 有意义的一天（陈少阳）

假期的清晨，天刚蒙蒙亮，太阳刚露出小半边脸，我还沉醉在美梦中时就被妈妈的"狮吼功"给叫醒了："快起床，你这只大懒虫！今天我们全家要大扫除！"我很不情愿地从床上坐了起来，抱怨了一句："不就是大扫除吗，有必要这么早吗？"

抱怨归抱怨，大扫除还是开始了，大家分散开来各做各的事，我选择拖地板。我拿来拖布和水桶，将水桶倒满水，一提可真重啊，走几步就没力气了，我突发奇想：提着不行就推！你还别说，这招可真灵，我轻轻松松把它推到客厅了。

开始拖地了，我拿起拖布准备大干一场。我先把拖布放进水里，然后拧干，接着就开始拖了。我先从左往右依次拖了一遍，然后从上到下拖了一遍。由于拖布太沉了，我的手开始麻，然后感觉特别酸，头发里都夹杂着汗水。正当我一路前进的时候，碰到了"拦路虎"——垃圾。我用拖布将垃圾扫开，可没想到垃圾竟然沾在拖把上了。我使劲儿一甩，垃圾是被我甩开了，可地板又脏了，我只好向"身经百战"的妈妈请教。妈妈说："其实很简单，只要用纸巾将垃圾包住扔进垃圾桶里就可以了。"我照妈妈的方法去做，"拦路虎"束手就擒。就这样，我一路披荆斩棘，终于取得了胜利，把地板拖得一尘不染、焕然一新！

经过一上午的奋战，我们终于把家打扫干净了。我望着明亮整洁的家，心里有一种说不出的激动。我一时得意忘形，高兴得上蹿下跳，结果不小心一个四脚朝天，摔倒在地，爸妈都笑了，我也笑了。

艰苦劳动的果实是所有欢乐中最甜美的。虽然家务劳动破坏了我的美梦，还使我腰酸背痛，但我一点儿也不生气，因为我体验了劳动的快乐，也感受到了父母做家务劳动的辛苦。以后，我要经常帮家里做家务，更多地去体谅父母，尽力帮助他们做一些力所能及的事情，用自己的行动回报父母、回报家庭！

◎ 劳动中的时光（韩城垣）

金秋十月，序属三秋，在这个丰收的季节里，我也收获了不少。

天高气爽，正是家务劳动的好时机，所以我挂帅出兵，家务全包。

扫把是扫地的必要武器。我手握扫把甩手拉回，所扫之地必定尘土飞扬——威武是威武却没有起到一丁点儿作用，我只好收回威武默默扫地……

接下来我要拿着拖把迎接它——拖地时刻的到来。

不过拖地的第一关就难倒了我，拖布不是涮得太湿就是拧得过干，以至于迟迟不能往下进行。

但办法总比困难多，我终于涮出了完美的拖布，开始拖地。平时看妈妈擦地也没有多辛苦，到了我这里怎么就变了样呢？瞬间，我满头大汗，衣服湿透。虽然出了这么多汗，但功夫不负有心人，地擦得可以照镜子了！

擦完地就是洗碗了。碗也没有那么好洗，抹出来的泡泡弄得我心烦意乱，真是越洗越多，怎么洗也洗不掉。我沉下心来，慢慢地洗。洗完碗后，我手握海绵，又细心地擦拭着锅碗瓢盆的每一处，遇到擦不掉的地方就换钢丝球擦。全部刷完，我的手已经变得通红。

我干的家务还有很多，这里就不一一列举了，接下来我就来说一说参加家务劳动的感受吧。

第一，当然就是累，非常累，但看着自己擦的地整洁明亮、刷的碗锃亮锃亮，心中的成就感胜过一切。

第二，要学会控制分寸。就像我涮拖布的时候，就是因为没有控制好干湿度，浪费了时间，始终不能往下进行。学习也是这样，不能把时间都花费在优势学科或弱势学科上，要学会合理分配，让每一科都能得到相应的时间。

第三，要有耐心。连刷碗都是一项需要耐心的工作，更何况学习呢？我们对待每一科都要用心，耐心而不浮躁。浮躁是一个人学习上的大忌，也是一个人学习上的致命弱点，所以我们要耐心地去面对学习。

第四，要学会改变方法，学会变通。在学习上我们经常只用单一的思维方式去思考，尤其是数学。我们要学会改变方法，换一种思维方式去思考会更好。在考试时更要学会变通，不能因为死抠一道题而浪费时间，以至于后面的题看都没时间看就丢掉了分数。"绕过拦路虎，再杀回马枪"，这是老班说得最多的一句话。

◎ 孝心行动（克梦涵）

"劳动最光荣"是中国广为流传的一句话，其中家庭劳动是帮助父母分担责任、提升自己参与家庭事务能力的重要途径。今天上午我对家中的客厅进行了大扫除。

我家的客厅并不大，只有15平方米左右。母亲爱养植物，给家里添了不少绿意。

首先是扫地，扫地并不是很困难。我对沙发底下、茶几底下都进行了充分的打扫，也扫出来不少垃圾。

接着就是拖地。拖地前需要将拖布仔细地洗好，这个过程花了很长时间，也费了很多力气，然后便是正式拖地。拖地时我把每一块地板都仔仔细细地拖了一遍，累得腰酸背痛，但是地面干净了不少，拖出了很多扫地扫不出的脏东西。

然后便是整理茶几。首先将上面的物品摆放好，像茶壶、杯子等都一一摆放整齐，再把一些没用的东西扔掉。然后洗好抹布，将茶几仔细地擦一遍，将其表面擦得锃亮。

整理沙发也是个重要的环节。先将旧的沙发套卸下来，换上新的沙发套，再把沙发上的抱枕放好，将沙发上的衣服挂到衣架上，把一些没用的物品扔掉。

最后一个环节是整理鞋柜。将一些不常穿的鞋拿出来刷干净，晒干后放到楼下的储藏间，再将常用的运动鞋、拖鞋摆放整齐，用抹布擦拭鞋柜表面使其焕然一新。

将客厅整理完后，我直起身来发现自己筋疲力尽，恨不得马上坐下来休息一会儿，但望着锃亮的地面、干净的茶几、整齐的沙发，突然感觉疲劳无影无踪，不自觉露出了笑容。今后，我一定要经常做一些家务劳动，为父母减轻负担，让自己的家变得更加干净整洁！

◎ 难报父母恩（薄雨昕）

父母养育我们从小到大，让我们快乐地成长，我们要学会感恩，要有一颗感恩的心，体会他们的辛劳，不让他们担心，还要行动起来，为他们做一些力所能及的事情。

白云在蔚蓝的天空飘荡，描绘着那一幅幅感人的画面，那是白云对哺育它的蓝天的感恩；落叶在空中盘旋，谱写着一曲曲感恩的乐章，那是大树对滋养它的大地的感恩。因为感恩才有了这个多彩的世界，因为感恩才有了真挚的亲情，因为感恩才让我们懂得了生活的真谛。

星期六，我早早醒了，躺在床上，回想着老师说的话，"回家以后，一定要帮父母做家务，报答父母平时为我们做的事"。我回忆起这些年父母为我做的事情，就好像一张大网，上面点缀着日常的点点滴滴。回报父母就从力所能及的家务事做起吧。

干之前总要有个规划，于是我把家务分成了两大项。

任务一：叠被子。被子零乱地摊在地上、床上，我先全部弄到床上。床很大，很适合叠被子。我从地上拖上来一条最大的被子，把被子放平，估算了一下中间位置，然后像折纸般折了四折，竖着又折了三折，被子就叠好了。我用这种方法认认真真地叠好了其他的被子。

任务二：擦地板。我拿了一条旧毛巾，用水弄湿后拧干，接着将地面垃圾全部扫到房门口，用毛巾使劲儿一裹，垃圾就都卷到毛巾里了。把垃圾丢进垃圾桶，第一步就完成了。接下来，我把毛巾再次洗净拧干，再擦一遍地板，这次主要是擦灰尘。我跪在地板上，仔仔细细地擦着，不放过任何角落。不一会儿，地板就被我擦干净了，像新的一样，一尘不染。

做家务确实很累，但也是寻找幸福的一种途径，能让我们在劳动中实践并体验和理解父母的辛苦，也培养了我们不怕脏、不怕累的精神，而更多的收获，只有等到我们确实做过，才能体会其中真谛。

◎ 用行动报答父母（杨紫暄）

劳动是生活幸福的源泉！当我们穿着干净漂亮的衣服，吃着香甜可口的饭菜，住着宽敞舒适的楼房，不知你想过没有，所有这一切都是通过艰辛的劳动创造出来的。劳动能培养我们吃苦耐劳的美好品质，劳动有利于树立大家的责任心！

身为家庭中的一员，我们都有义务为家庭劳动。家务劳动，人人有责！

一个周末的早晨，妈妈拿起拖布就要做家务。我本来想睡个懒觉，但是想到妈妈每天辛苦上班，周末应该休息，于是拦下妈妈，说："你去休息吧，我来干。"妈妈不可思议地望着我，说："你能行吗？"我拍拍胸脯，信誓旦旦地说："绝对没问题。"话音未落，我便拿起了劳动工具，妈妈只能"让位"于我。

看看地板，没有大片垃圾，但是远远望过去满是脚印。我先拿起扫把和簸箕，把房间和客厅里的纸屑和头发扫好收起来，倒进垃圾桶，接着拿起拖把开始拖地。果然没有垃圾的地板拖起来轻松不费力气，反倒让身子骨活动得更加顺畅。20分钟过去了，满是灰尘的地板上亮闪闪的，焕然一新。

光扫地、拖地显然是不够的，感觉屋子还是不够干净，于是，我将水杯、茶具等冲洗了一遍，把沙发上的软垫用鸡毛掸子拍了一下，将电视机、泡茶桌都用抹布擦拭了一遍。我一边整理着，一边和妈妈唠嗑，就这样用了两个钟头的时间将家里打扫得焕然一新。我虽然身上酸痛，但觉得这是值得的，就像有句话所说，"一个人的价值不是看他得到了什么，而是看他贡献了什么"。

做过家务劳动我才明白做家务的辛苦，觉得做家务其实不简单，所以我要多帮家人，为家人减轻负担，让父母不至于太累。

◎ 帮妈妈做家务（王鹏皓）

今天学校放假，中午回到家，我看到妈妈正在干家务，她累得满头大汗，不时伸直身子用手捶着腰。我心疼妈妈，决定和妈妈一起做家务。我先去涮了拖布，然后开始拖地。刚开始我怎么也拖不好，脚印满屋子都是，后来，妈妈告诉我："拖地的时候要把拖布放在前面，慢慢地往后移，不能向前移。"我按照妈妈说的去做，真的拖得非常干净。可是我才拖了一会儿，就累得直不起腰了。我想这点儿工作和妈妈平常做的比起来真是小巫见大巫呀！不行，我是个男子汉，要坚持下去。于是我硬撑着把地拖完了。呼，累死我了！以后我一定要珍惜父母的劳动成果，不再调皮捣蛋把家弄乱，让他们好好休息。拖完了地，我开始擦桌子，擦了好久才擦干净，尤其是桌子上的油渍。这种顽固的东西，一定要先喷上清洗剂让它浸泡一会儿，然后用湿抹布用力擦，最后用干抹布擦干净。擦完了桌子，我去倒垃圾。哇！这么多垃圾，仔细一看自己平时不注意的垃圾占了一半，顿时不好意思和歉疚起来。我抓起垃圾袋，飞快地跑到楼下去扔，来来回回好几趟，累得我气喘吁吁。

今天通过和妈妈一起劳动，体会到了父母的辛苦，懂得了珍惜父母的劳动成果，也学会了帮父母分担家务。我在这件事中收获了很多，这真是件一石三鸟的好事呀！大家以后要多干家务，帮父母分担一些力所能及的事，让父母有时间休息一下，做些他们自己喜欢的事，也尽尽我们做儿女的孝心。

◎ 家庭大扫除（孙英翔）

劳动，是中华民族的传统美德，我们作为新时代的少年，更应发扬这种优秀的品质。不久前，老师为我们留了一项劳动实践作业——在家和父母进行一次大扫除。通过这次劳动实践活动，我深切体会到了父母每日的辛苦、老师每日的艰辛，也体会到了劳动的乐趣。通过这次劳动实践，我增强了感恩意识和劳动意识，和父母的关系更加亲密。

回到家，我就兴致勃勃地和父母制订起了大扫除的计划。经过一阵热烈的讨论，我们确定了各自的分工：妈妈负责清洗楼顶的水池、洗窗帘，爸爸负责清理天花板和灯，我则负责拖地和擦窗户。

确定各自的职责后，爸爸一声令下，我们就热火朝天地干了起来。我把拖布在水桶里涮了又涮，拧了又拧，然后弯下腰，前腿弓，后腿绷，吭哧吭哧地拖起地来。我拖得很认真，也很卖力。好不容易，地面上所有的脏东西都被我拖得一干二净。"哎呀，真累啊。"我抱怨着，腰酸背痛，双腿像灌了铅一样抬不起来了。这时，我看到了父母奋力干活的样子，不免惭愧起来。

水池空间矮小，妈妈只能弓着身子，卷起裤脚、衣袖，一只手拿着清洗液往水池四周的墙和地板上喷，一边喷，一边用另一只手拿着抹布奋力地擦拭着墙砖。妈妈很辛苦，没过一会儿就全身湿漉漉的，额头上也早布满了如雨般的汗滴。爸爸奋力地清理着天花板和灯。他用扫帚裹上抹布，在天花板和灯上擦拭，时不时有一些灰尘掉落到他头上。擦拭完后，他爬上梯子，将灯罩取下，又小心翼翼换上了一个新的灯罩。此时，他早已汗如雨下。望着父母劳动的身影，我想起无数个日日夜夜他们辛勤劳动的身影。拖着同样疲惫的身躯，我感受到了他们是如此不易，下定决心，一定要感恩父母，尽可能帮助他们多做家务。

大扫除完毕后，我们一家人聚集到了一起。看着被我们打扫得干干净净的家，我心中升起一种自豪感。我第一次感受到，劳动是如此光荣，劳动创造的力量竟是如此之大！我们笑着谈论着大扫除中每个人的优点和不足，我们是在彼此的帮助、合作中不断地提高和促进的。

通过这次劳动，我明白了父母、老师以及千千万万个劳动人民的不易，我的心中由衷的升起了一种感恩之情。劳动是如此伟大，如此幸福。在未来，我会感恩父母、感恩老师、感恩每一个默默奉献的劳动者，努力进取，刻苦学习，刻苦劳动，将热衷劳动的优秀品质发扬光大，为社会的发展、祖国的振兴贡献一份属于自己的力量！

◎ 拖地感悟（米博瑶）

今天下午，看着妈妈拖地那娴熟的动作，我的心里也有点儿痒痒了，心想妈妈拖得这么轻松，拖地一定很简单，我也要试试！说干就干，我一把抢过妈妈手里的拖把，说："妈妈，您去休息一下，今天让我来拖地！"妈妈高兴地答应了。

我走到厕所，把拖布放进了水桶里，就开始给它"洗澡"了。我紧紧地捉住拖把的"手臂"，好像它随时都有可能"逃跑"，然后使劲儿往下按。它就像一位芭蕾舞演员在跳着优美的舞蹈，悠然旋转着。洗了一会儿，拖布洗干净了，之后我开始脱水，想尽快把它甩干。我使劲儿把拖布往下按、提上来，动作飞快，它像正在飞行的直升机螺旋桨，飞快地转着。不一会儿，它就被我甩干了。我心想，这么顺畅呀，看来待会儿要大显身手啦！

开始拖地了。我先走到客厅的正中央，然后低下头、弯下腰、弓起背，学着妈妈的样子，使劲儿往前推着。拖了一会儿，我累得满头大汗、腰酸背痛，豆大的汗滴像断了线的珍珠似的，飞快地从脸上滑下来。我一边拖地一边捶着背，心想拖地这么辛苦，干脆不干了！我刚准备放弃，忽然又想到妈妈每天都这样拖地，可她从未抱怨过，也从未放弃过，难道我就这样放弃了？于是，我重新振作起来，又开始给地板"洗澡"了。

我又拖了好一会儿，终于把整间屋子拖完了。我伸了个懒腰，回头一看，咦？这是我拖的地吗？怎么全都是脚印？我叹着气，垂头丧气，像一个泄了气的皮球。妈妈看透了我的心思，慢慢地走过来，和颜悦色地对我说："你怎么拖得到处都是脚印呀？"我把经过告诉了妈妈。她听了，笑了笑说："妈妈以前也和你一样，总是拖不好，可我经常练呀！练久了，自然就熟练了，这叫熟能生巧。你一直往前拖，拖完又去踩一脚，当然越拖越脏了。你要往后退，这样拖起来才干净。"我又按照妈妈的方法试了试，果然很管用。看着自己的劳动成果，我心里美滋滋的，那种高兴简直无法用言语来形容。

"困难像弹簧，你弱它就强。"我们遇到困难时不能忙着退缩，而要想办法克服它，这样才能成功。

◎ 爱，就是这么简单（闫雅琪）

家务是妈妈每天必做的事，看妈妈做得这么轻松，我想做家务一定特别容易，便想亲自体验一下拖地。

妈妈告诉我，每一个地方都要照顾到，包括边边角角，太脏的地方要使劲儿擦，拖布脏了要及时冲洗。妈妈还告诉我，像我们家这种木地板要用地板净，既能保护地板，又能使地板上的水干得快。

"家务不就是扫扫地、擦擦灰吗？也没有多难啊！"我心想，随即用桶接水。我将拖布浸湿，挤干水，感觉自己是个要干上一番大事业的人物。"开工！"我自信满满地喊道。按顺序，先拖老爸老妈的房间。拖布来回摩擦，发出咯吱咯吱的声音，像是老鼠的叫声。拖个地也不过如此嘛，谁说难了？没过多久，一个房间就被我拖得干干净净！轮到自己的房间了，不拖不知道，一拖才知辛苦。一根根的头发不听使唤地分散各处，拖布也不能使其聚集在一起。这头发是暗示自己压力大吗？头发掉得那么严重，看来得注意点儿。刚处理完头发，才走上两步，地板直接给我来个四脚朝天的"跟斗"。拖个地，简直让我开始怀疑人生！

20分钟过去，由于重复做着推拉动作，我腰酸背痛。"好累呀！"狼狈不堪的我长吁短叹，终于体会到了做家务的艰辛。我也想过放弃，但母亲劳作的画面总出现在我的脑海中。"不行，坚持就是胜利。爷爷告诉过我，做任何事情都要有始有终，不能半途而废，这样才会实现自己的最终目的。"我自我安慰着，继续未完成的任务……

不知不觉，时间过去了许久，我这才发现身上的衣物已被汗水浸湿了。望了望自己的劳动成果，我不由自主地苦笑起来："大功告成！"母亲朝我走过来，如往常一般端来一杯凉开水。"辛苦了！"短短的几个字，慰藉了几乎崩溃的我。照照镜子，汗珠布满了我整张猴屁股般红红的脸。"劳动人民最光荣！"我十分赞同这句简单又富有哲理的话。

当我体会到了劳动的疲惫，我想起父母每天都在重复着这些劳动，也因此想到他们工作的疲惫，从此只要一有时间就会做家务来替父母分担一些辛劳。希望更多的人都可以尽自己微薄之力帮助自己的父母。

手工劳作，装点美好

◎ 组装椅子（孙孟元）

在假期的劳动实践课程中，我学会了把学校学到的理论知识与实际生活相结合。其实在老师号召之前，我就想尝试把学校所学的通用技术知识应用到生活中，所以早早便请母亲在网上购买了手工家具，打算大显身手。东西收到后，我迫不及待地打开包裹，行动起来。按照图纸组装家具的过程说起来轻松，实际上很辛苦，知识的实际运用并没有那么容易，很多细节是书本上没有的。比如，螺丝钉旋过头会压碎椅子表面的木板，使其变得粗糙而有倒刺，容易划伤皮肤，外形美观度也大打折扣，只能用砂纸打磨来挽救。专业工具也让我吃了不少苦头，扳手、短锯之类的使用并没有书本上写的那么轻松，划出的飞沫也让人很不舒服。渐渐地，我感觉到疲惫，长时间蹲下组装让我感到腰酸背痛，而久久未能放下的手腕也如机械生锈一般发出抗议，双手早就被纤细的扳手和砂纸蹭破了皮，几乎连扭动一颗螺丝钉的力气都使不出来。我不是没想过放弃，但是每当精疲力竭跌坐在地的时候，看着已经成形的框架，烦躁的心就会渐渐平静下来，我总会劝说自己："它就在那里，无论你完成与否，它还是在那里。如果你半途而废，它便是一个未完成的作品；如果你坚持完成它，那么它就会摇身一变成为一件有意义的家具。同样都是木架，它的未来和价值就取决于你的决定。"每当想到这里，我都会站起身，抿一口水，重新拿起锯子，继续全身心地投入制作中。挫折种种，困难重重，反而激发了我克服困难的热情。终于，在克服了重重困难后，我完成了我的杰作，虽然只是一把小小的椅子，但完成它所带来的喜悦是语言不能描述的。我坐在椅子上，成就感油然而生，就连锯子留下的划伤和酸痛都被抛到九霄云外。

现在回忆旧事，我忽然明白了一些道理：做事要有耐心，知识的实际运用正是需要静下心来慢慢体会理解的，"欲速则不达"，斯言不谬；成功来之不易，追求成功的过程一定是艰苦与喜悦并存的，遇到的困难越多，你付出的就会越多，你收获的喜悦也会更多……

知识并不能只停留在课本上，课本上的知识也并不是用来纸上谈兵的。书本上的知识有时会与实际情况产生很大分歧，这时就要根据实际情况，灵活多变地做出抉择。"实践是检验真理的唯一标准"，遇到书本上没有的情况，就要更深地体会知识的选择与迁移，"择其善者而从之"，用已知的方法解决未知的问题。

我总结的不单单是一把椅子的组装，也蕴含着相通的道理：你的人生便是你的人生，无论你努力与否，它都在那里，它未来的价值，也会因为你的行动而改变。

劳动实践课给予我的这次宝贵机会，让我体验到了劳动的艰辛和成功的喜悦，而在这个过程中所领悟的道理我会一直铭记在心。

◎ 生命的成长是一种洗礼（张悦颖）

劳动，是中华民族的传统美德。我们作为新时代的青少年，更应热爱劳动。不久前，老师给我们留了一项劳动实践作业，我马上去买了绿豆。绿豆圆滚滚的，全身绿色，就像披了一件绿大衣。我又找了一个杯子，将绿豆全部放进杯子里，再把杯子拿到水龙头下灌水。一滴滴水注入杯子，本来静静的豆子一下子跳跃了起来，没过一会儿一颗颗的豆子又沉了下去，就像一个个跳高运动员似的。

随着水的浸泡，慢慢地，原本全身绿色的豆子有的皮已经开始脱了，现出了一个个白色的果肉，好像是绿豆宝宝太顽皮了把自己的衣服掀开，露出白色的芽头，跟小人国里巨大的白萝卜似的。第二天，绿豆又发生了变化，有的绿豆的皮已经完全脱落了……绿豆的嫩芽越长越长，最长的有2厘米，最短的也有1厘米。过了几天，豆芽迸裂开了，豆瓣中间钻出来了一片嫩黄色的叶子，叶子两旁各有一个叶尖。从一开始的一粒豆子，再到最后长出来叶子，我感到绿豆非常顽强，因为过程无论多么艰难，它从不放弃。

通过这次劳动，我明白了生活和成长的不易，对于生命升起了一种由衷的敬畏之情。生命的成长需要我们用脚踏实地、认真严谨、实事求是的态度对待，不怕困难、坚持不懈、吃苦耐劳的精神是我在这次活动中最大的体会和收获。绿豆芽的生长是一次意志的磨炼，是对我观察能力的一次考验，也会对我未来的学习产生积极的影响。劳动是如此伟大，我终于明白"纸上得来终觉浅，绝知此事要躬行"的道理，我将热爱劳动，通过自己的双手为社会的发展、祖国的振兴贡献一份属于自己的力量！

◎ 感悟传统劳动之美——编织手链（孙颢辰）

不知不觉中，初三美丽的拼搏时光已经过去这么久，60余个日日夜夜，老师们自始至终默默坚守着，为我们提供帮助，让我们在学习的辛苦中感受阵阵温暖。在这10月末的短暂清闲里，我想通过自己的手工劳动，表达一下对我最喜欢的老师——寇艺腾老师的小小的、由衷的感恩之心。

寇老师新婚不久，却没有请假休息、陪伴家人，而是像往常一样坚守在岗位上，为同学们答疑解惑、解决生活和学习上的难题。寇老师的尽职尽责，我们班39人都看在眼里、记在心上。我身为班级的一员，能为老师做些什么呢？思前想后，我决定亲手编织一条"莫相离"手链。这条手链由"中国结"中的玉米结、平结、凤尾结、金刚结组合而成。手链的主体玉米结也被称为"十字吉祥结"，寓意节节高升、多子多福；平结象征生活安定、平安幸福；凤尾结有龙凤呈祥、事业发达、财源滚滚之意；金刚结来源于佛教，据说可以给人带来好运、免除祸患。两根互相牵绊的绳代表伴侣长长久久、永不分离。

尽管从开始构思到准备开工，我已修改了几次设计方案，但仍难避免编织过程中遇到的各种突发情况。首先，因为每一条手链都是自己设计的，没什么编织经验，绳子的长度很难控制——太长会浪费材料，也会影响编织速度；太短又会影响作品的美观，或是降低它的实用性。其次，不同数目的线绳编织出来的结也是不一样的，甚至同样的结用不同数目的线绳编，作品的"颜值"也可能差出几个档次。还有，稍复杂的手链，如果时间并不是很富余，就需要编织者长时间精神集中，否则就可能出现"一步错、步步错"的尴尬局面。这些问题对于很久没有设计、编织手链的我来说，都是巨大的挑战。

整整一个晚上，我坐在酒店的椅子上，伴着窗外闪闪的星光，认认真真地编织着，这种感觉是快乐的——看着一团乱糟糟的红绳在我的手中慢慢有了形状，慢慢变成脑海中设计图稿上的样子，满足感与骄傲感油然而生。虽然过程中也遇到了一些困难，但终究没有影响作品的效果，更没有影响我的好心情。

这条"莫相离"手链，不仅仅是一件礼物，更代表了学生对老师的感恩与爱。看到艺腾老师收到它时惊喜的表情，我的心里也美滋滋的。我的劳动没有白费，我用我的劳动，换来了两个人的快乐！

◎ 在窗花剪纸中感受中国文化（高一硕）

剪纸艺术在中国具有久远的历史，在今天仍具有特殊的意义。我们不断学习本民族和其他民族优秀的艺术，将现代与传统结合起来。对传统艺术的运用一定要结合当下的时代主题和审美需求，而不是简单意义上的拼贴挪用。剪纸是我国非物质文化遗产，是中华文化的一种象征，表现了中华民族醇厚隽永的民情与民风。中国剪纸艺术有着悠久的历史，其内容反映了古代劳动人民丰富的艺术想象力，表达了对生活与劳动的热爱之情。

为感受中国民间艺术、风情民俗，培养动手能力和耐心，体会并学习广大劳动人民在窗花剪纸中表达的对劳动的热爱及寄托的美好希望，我开始了窗花剪纸的劳动实践。

一、材料

一把剪刀（美工刀）、一支铅笔、若干张红纸。

二、过程

1.取一张正方形纸，将其对折 3 次。

2.从正方形中心点向外用笔勾画出"春"的左半部分，以及一些精美的花边。

3.用剪刀沿画线将多余部分剪掉，内部不容易裁剪的地方用美工刀裁掉。

4.将裁好的图案展开，得到精美的"春"字窗花。

三、感悟

窗花剪纸利用了数学中的对称性，也考验了绘图能力及动手操作能力。看似只是简单地用剪刀剪一下，但也有许多技巧需要注意。

我第一次尝试时，将正方形纸对折 3 次后，以层数多的一边为对称轴画出图案，结果剪下来都是散的，其实应该以层数少的一边为对称轴画出图形，这样才能充分利用对称性将各个图形连在一起。

在画图的时候也要注意谋篇布局，就像我这次剪纸起步时将"春"的第一横画长了，后来画第二、第三横时，发现纸不够，只能画短一点儿，结果剪出来的"春"有点儿头重脚轻，而且画图要画对称图形的一半，这样展开才是一个完美的图形。

裁剪的时候要注意什么应该剪。我在剪纸过程中，总是把想要得到的图形本身给剪了，因此剪纸时一定要注意剪边边角角，这样才能形成镂空的图案。

通过剪纸，我感受到了沉醉其中的趣味，但也有一些困难，需要学习和注意的技巧很多。无论是什么劳动，都是有付出才有回报。剪纸艺术让我体会到中国古代劳动人民对劳动的热爱及在剪纸中所寄托的美好愿望，也锻炼了我的动手能力，培养了我的耐心，让我懂得只有在一次次失败中探索经验，在学习与劳动中不断磨炼自己的意志、丰富自己的阅历，才会获得成功。

◎ 海螺彩绘（茹雨凡）

劳动之美不在于成果的绚烂，而在于历经汗水和时间洗礼的过程。

我是一名衡实人，来自滨海城市——秦皇岛。背井离乡三载余，我的梦里常常是那暗红的礁石、碧蓝的海洋和金黄的沙滩。醒来，泪湿衣襟。我痴痴地望着窗外的混沌，乡愁如洪水，总在一瞬间决堤。我辗转反侧，再也无法入眠。

这次放假，奶奶给我寄来一只海螺，这是她老人家迎着第一抹晨曦在海边拾的。我小心地捧起这只海螺，轻轻地将它洗净。我仿佛看见那孤独的海洋、暖融融的沙滩，光洒在奶奶银白的鬓发上，一切都那么美好、温柔，发着光。奶奶弯下腰一步一步循着海螺的痕迹将它轻轻挖出，用海水将沙子冲走……

拿起画笔，我想着梦中的海洋，一层一层地涂着，一层靛蓝，一层三青，一层钛白，绘出乡愁，绘出梦中那片星空、那片海。

最后，我在海螺的旋上抹上一点儿亮黄，那是星辰，是微光，它为我指引家的方向、梦的方向。

画罢，我把海螺放在阳台上等它晾干。海螺上面落满阳光，微风轻拂，一如奶奶的目光。儿时奶奶摇着蒲扇讲的童话，又在耳边回响：在很久很久以前，有一片大海，滨海的人们都过着安定祥和的生活。他们日出而作、日落而归，清晨划着小船出发，装着珊瑚满载而归，但没有人知道他们是怎么得到这些珊瑚的。一代又一代的人总是用尽方法想知道珊瑚的秘密，而珊瑚呢，仿佛可以洞察人的心思，只为那些需要它的人出现，那些需要用它谋生的人。

时光滴滴答答地蹚过，颜料已经晒干，我把海螺放在耳朵上，听大海的声音。这是一个浪漫的传说，其中也蕴含着科学道理。海螺独特的形状，让人耳听到的很大范围的声音在耳朵和空腔之间发生共振，这样我们就听到了很多放大的环境噪声。这些被放大的声音频率分布比较特殊，听起来就像大海的声音。当然，如果你处在一个安静的空间里，周围传来的声音很少又音量微小，这就不能使螺壳里的空气振动，所以这时即便你把螺壳贴在耳边，也不会听到大海的声音。

妈妈轻声唤我去吃饭，我的思绪被拉回，看着手中这枚小小海螺，体悟劳动之美，令思维澄澈、心境专一。

田间劳动，认识艰辛

◎ 掰玉米有感（赵心扬）

所有的劳动者都是一首歌，劳动中的每一个细节都是一个跳动的美丽音符，是和谐社会长河中一朵斑斓的浪花。劳动如咖啡里的方糖，把我们的人生调得有滋有味；劳动如路旁的一道风景，把我们的人生装扮得亮丽多彩。

终于到了玉米地，大片大片的金黄让人眼花缭乱。姥姥、姥爷先用镰刀把玉米秆砍倒，我和妈妈负责掰掉玉米棒和剥掉玉米棒外层的皮。开始干活了，原以为这活很轻松，没想到居然这么难干。我呼呼喘着气，表面上故作轻松，其实心里早就不想干了。干了一会儿，我就开始偷懒，掰得也不认真，剥玉米皮也剥得不干净。

妈妈看到了，语重心长地对我说："宝贝，一件事要么不做，要么就认认真真地把它做好。如果你真想体验劳动的乐趣，吃苦的精神是必须有的。其实这种活也不一定非要你干，爸爸妈妈之所以让你干，是想给你一个锻炼的机会，让你懂得社会存在竞争、生存需要劳动的道理。"听了这些话，我感觉自己的脸在发烧。是啊，既然是自己要求来干的，就应该把它干好。我马上认真地干了起来。终于，我们把玉米棒都收回了家。我又和妈妈一起把玉米棒剥了粒，一个上午的劳动结束了。

擦擦头上的汗水，看着这一片金黄、翠绿，妈妈和我都笑了，笑得那么甜，那么灿烂，那么美丽。我看见用辛劳和汗水浇灌出的劳动之花已悄然开放，灿烂而又美丽，散发着璀璨的光芒！

世上本没有岁月静好，只是有人在为你负重前行。劳动人民的心血与汗水、"劳动最光荣"的信念在我们心中烙下深深的印记。我们回首往日的目光，必定会像阳光一样，穿越一路的荆棘，掠过不再年轻的脸庞，掠过沾满灰尘的满头华发，将风霜照亮，将每一寸蕴含着坎坷与艰辛的路程照亮。让我们以劳动为荣，在这来之不易的岁月静好中奉献一份爱。

◎ 秋日的一场劳动除草（张曦印）

金秋十月，天高气爽。午后的小院显得宁静而祥和，郁郁葱葱的菜园里，几丛略显枯黄的杂草占据了高地，压过了翠绿的菜苗。手握铁铲，我兴致勃勃地跟着爷爷的脚步，开始了这个假期的劳动——除草。

我小心翼翼地越过碧绿碧绿的菜苗，揪住一丛杂草，开始了第一次清除行动。那丛杂草的叶尖已经泛黄，如同垂暮的老人，仿佛风一吹就倒。我信心满满地揪住它的叶子，用力一拔——"啊！"随着一声惊叫，我一个趔趄栽倒在地上。这草虽然"年岁"已高，竟根深蒂固！擦掉手上的土，这一次，我没有轻举妄动，而是小心翼翼地瞄准它的根部，用铲子铲了下去。手腕一翻一转，随后用力翘起铲把，一株杂草就这样被我拔了下来。掌握了技巧之后，第二株、第三株……一株株杂草在铁铲的挥舞下纷纷沦为我的手下败将。不知不觉间，落日西斜，抬眼望去，一片绿油油的菜园里，竟已不见一株杂草的身影。

通过这次劳动，我明白了许多道理。首先，很多事物也许并不如表面上所表现出的那样，正如一丛杂草，看似垂垂老矣，实则根深蒂固，不断地延伸着自己的根部，积蓄着能量。其次，对于任何事物都不能掉以轻心，原本脆弱的一丛草也能让我打个趔趄，原因便是我对它的轻视。

一次劳动，也许会让我们感到劳累，但更多的是收获与幸福。那种为自己的劳动成果而自豪的感觉，才是这次劳动赋予我的最大意义。

◎ 义务种树（张钧天）

一年之中，春天的时光是最美好的，处处充满着生机，充满着希望，容易让人产生彩色的想象。"七九河开，八九雁来，九九加一九，耕牛遍地走。"燕的归来带来春的信息，大地泛浆了，麦苗返青了，阳光和空气都散发出一股股芳馨的春的气息。

为了提升社会责任感，学校组织我们去小河周围种树，美化城市环境。我开始以为这只不过是一场游戏，无非是把幼苗放进土里浇点儿水，可事实并非如此。

初春的土大多是冻土，不好挖坑，再加上寒风，手都从袖口伸不出来。

"去换别的做吧。"我安慰自己,可别的项目也不简单,即使是插树苗我也总插不正,多多少少有些偏差。正当我准备放弃时,忽然看到燕子衔着一根树枝往另外一棵树上飞,看样子它是要筑巢。

看到这一幕,我陷入了沉思,燕子都不惧怕寒风去筑巢,我又怕什么呢?想到这儿,我拿起锄头开始刨土。寒风刺入肌肤,但那又能怎样?不一会儿我便超额完成了任务。

种树活动结束后,我深有感触:或许成长路上不总是顺风,但只要迎风而上、不惧困难,就能成功。

◎ 收土豆(吴敬杨)

顶着似火的骄阳,我与母亲一起到田里去挖土豆。借用母亲的话,这是让我"体验体验生活的艰苦"。

树叶沙沙作响,热风阵阵袭来。看着眼前的几亩地,一大片土豆叶子绿得都可以渗出油来,肥硕的叶子在烈日下绿成了一道美丽的风景。

母亲在地里挖着土豆,我在一边帮忙。看见那一个个如拳头般大小的土豆被母亲麻利地从土里翻出来,我惊奇地问:"妈,你怎么知道在这下面有大土豆?还有,你不怕把它挖坏吗?"母亲呵呵一笑:"小子,你看那叶子绿得深的、根茎粗的,下面便是成熟的土豆。我先挖了两株确定土豆的间距,再按照这个间距,就能尽量不把它挖坏。"我顿时明白,原来劳动也有很多学问、很多技巧啊,而且这些奇妙的技巧,给劳动增添了些许美丽与诗意!

不一会儿,母亲就把挖好的土豆装到了担子里,笑着对我说:"你能把它们挑回去吗?当然,你也可以不挑。"我笨拙地把扁担放在肩上,咬紧牙关,直直地站起身,感觉肩膀被压得生疼,摇摇摆摆地向前迈去。

忽然,一股力量托住了我的担子。我一回头,脸一阵泛红。母亲对我说:"挑担子也有技巧。看你这个熊样,是该让你吃点儿苦了。你看我!"只见母亲把扁担两端的绳子向上卷了卷,然后对我说:"绳子卷短可以降低重心,自然省力些。挑的时候要把身子挺直,这样重力才不会都压在肩上,会均匀分到两边去。走路的时候要随着扁担的节奏。你再试试!"我照着母亲说的走了几步，咦，担子竟然没那么重了，步子也不那么晃了，的确是那么回事！我顿时明白，什么事都不是靠蛮力解决的，劳动也需要智慧。

我轻松地挑着担子，细心品味这劳动中的智慧，此时才明白——真理，往往根植于泥土中。

劳动，是世界上一切快乐、一切完美东西的源泉。劳动，使我们累并快乐着。

劳动，是一项长期的、必需的、自发的任务和要求。作为一名中学生，我们不仅仅要在学习这项劳动上刻苦钻研，更应在劳动中严格要求、锻炼自己，争当国民表率、社会栋梁，真正做一个无愧于父母、无愧于祖国、无愧于时代的人。

我劳动，我快乐！

◎ 小小拔草悟劳动（曹悦）

是劳动创造了人类，劳动创造了世界；是劳动使远古走向未来，使人类走向文明；是劳动建成了今天的万丈高楼，是劳动筑就了现代化的信息高速公路；是劳动让我们的世界五彩斑斓，是劳动者用自己的辛勤与智慧换来我们今天的美好生活。

前不久，我在姥姥家拔草，体会到了劳动的艰辛与不易。

清晨，太阳刚刚升起，天边一片霞光，温暖的阳光普照大地，空气清新，混着泥土的气息，青草上的露珠晶莹剔透，如一颗颗珍珠般闪闪发亮。勤劳的姥爷一早就准备去田里为菠菜拔草，我心血来潮——从小不怎么劳动，今天也随姥爷一起去拔草吧。姥爷笑眯眯地同意了。我摩拳擦掌，准备大干一番。来到地边，我小心翼翼地踩在田垄上，然而田垄又窄又滑，我一脚踩上去就一个趔趄，差点儿就滑倒了，还好我把自己稳住了。随后我就使出我的火眼金睛寻找杂草，不让它在菠菜里滥竽充数。我弯下腰，挽起衣袖，双手抓住野草根部使劲儿往上拔。有的草又黏又滑，我费了好大劲儿才揪出来；有的草边叶特别锋利，一下就把我的手划开一道口子，冒出密密血珠。我疼得吸了一口气，但拍拍手，还是决定继续干下去。有的草根系太发达，我使出吃奶的劲儿拔，结果草没拔出来，人还被摔了个四脚朝天。我起身拍了拍身后的泥，一脸狼狈。不过我越干越有劲儿，越干越熟练。临近中午，我终于和姥爷把杂草拔完了！

烈日炎炎，太阳炙烤着大地，汗水顺着我的脸流下来，我直起腰，顿时觉得腰酸背痛，但看到那一大堆已经软绵绵堆在地上的杂草，心里有种自豪感，脸上忍不住露出开心的笑容。

这次拔草劳动让我大汗淋漓、筋疲力尽，也让我体会到劳动的艰辛与不易。粒粒粮食都是农民的汗水与结晶，而在中国，又有多少个像爷爷这样热爱劳动不畏辛苦的劳动者呢！我们每个人都要热爱劳动、不断奋斗，用自己的双手创造美好生活，开辟通往成功的道路！

这次拔草劳动培养了我吃苦耐劳的精神，培养了我的社会实践能力，增强了我的责任心。我们要积极投身于社会实践，经风雨、见世面，丰富人生阅历，为以后的工作打下坚实的基础，为社会主义建设添砖加瓦。我们也要在自己的学习岗位上努力拼搏，吃苦在前、享乐在后，努力做一个合格的新时代青少年！

家庭劳动，感受爱的力量

◎ 爱，就在我们身边（呼延兆恒）

爱，是什么？爱，在哪儿？我们给予了它太多的诠释，也赋予了它太多的内涵。没有史诗那样的撼人心魄，没有风卷海水的惊波逆浪，它就像一场春雨、一首清歌，在我心里绵长悠远。

对我来说，今年的国庆假期意义非凡，因为我来到了这座陌生又充满希望的城市，开始了漫漫的求学之路。这是我离开家过的第一个国庆、中秋节。为了陪在我身边，爸爸妈妈提前几天就开始准备我最爱的食物。他们开了将近10小时的车，赶了1500多公里的路程，只为了陪我过一个不一样的中秋节。看着爸爸妈妈在校门口等待的身影，我心里五味杂陈，开心、激动之余还有心疼，不禁热泪盈眶。我想，这就是可怜天下父母心的爱。

在这个特殊的节日，老师给我们布置了国庆节特殊的作业：为爸爸妈妈做一顿饭。以前，每到周末爸爸在家的时候，我就可以点自己喜欢吃的菜。我在房间学习，爸爸在厨房忙碌着，为我做各种美味佳肴。今天，我要为爸爸妈妈亲自下厨。回到我们临时的"家"，我就开始忙碌起来，准备做一顿丰盛的团圆饭——饺子。我先从冰箱里拿出一块肉，小心翼翼地切成形状各异的小块，然后开始拌饺子馅，葱、姜、蒜以及各种调料都加了一遍。看着自己的"杰作"，我特别有成就感，想让爸爸妈妈尝尝我的手艺，可接下来才是真正考验厨艺的时候。和面、擀饺子皮是个技术活，面团在我手里特别不听话，无奈之下我只好叫妈妈来帮忙。看着妈妈娴熟的手法，我在心里不停地暗暗称赞。在欢声笑语中，我们的团圆饭上桌了。一家人围坐在桌子前，吃着亲手包的饺子，聊着学习、聊着家常。我想，这就是团团圆圆的爱。

为了实现心中的理想，我来到了梦寐以求的衡水中学。这一个月以来，除了努力学习之外，我适应了爸爸妈妈不在身边的生活，学会了独立，学会了坚强。在和爸爸下象棋的时候，我看见他眼睛里充满了对我的疼爱，流露出了一个父亲大山般的父爱。和爸爸对视的一刹那，我突然发现爸爸瘦了，头发间多了些许白发。我一直没有认真观察过爸爸妈妈，但我从他们眼睛里看到的是爱，是希望，我的眼睛不争气地再一次湿润了。我想，这就是彼此付出的爱。

晚饭后，妈妈在看电视，我跑到洗手间，打开水龙头，先放凉水，后放热水，接了大半盆后，用手试了试水温，热乎乎的，正好。我把水盆放在妈妈面前说："妈妈，来，我给您脱袜子。"我把妈妈的裤腿卷起来，轻轻地把妈妈的脚放到水盆里，用手不停地搓。妈妈低头用慈祥的目光盯着我说："孩子长大了。"这时，我看到妈妈的眼睛湿润了，急忙说"洗好了，该擦脚了"，妈妈回过神，把脚放到我准备好的干毛巾上，轻轻地擦了擦。从小到大，这是我第一次为妈妈洗脚，我深深地体会到了平时父母照顾我是多么不容易——只是给妈妈洗了次脚，就让她感到了幸福、满足和感动。我们不应只是一味地向父母索取，却从不为他们付出……

父母的爱是蜂蜜，永远温馨甜蜜。

◎ 花不只在春天开放（王琳）

刚刚过去的国庆节对我来说是我所经历过的15个国庆节中最不平凡的一个，也是最有意义的一个。

说其不平凡，是因为这是我成为衡中学生后的第一个国庆节，要知道上衡中是我多年梦寐以求的愿望，现在终于如愿以偿了。国庆3天假，除了学业上的作业，学校还布置了3项特殊的作业——给父母洗脚，和父母对视3分钟，给父母做一顿饭。

按照老师的要求，我承揽了国庆期间中秋之夜的团圆饭任务。下午4点多我就开始了团圆饭的制作。我想做6道菜，寓意团团圆圆、六六大顺。第一道菜是"中国红"——西红柿炒鸡蛋。这是一道家常菜，我先磕破4个鸡蛋放入碗中，加上少许盐，搅拌均匀，然后刷锅点火、倒油，待油温热后倒入搅拌均匀的鸡蛋，小火煎至金黄色，盛出备用。葱切丝，姜切末，蒜切片。再次开火、倒油，放入切好的葱、姜、蒜，爆炒出香味后倒入西红柿，翻炒。放盐、生抽少许，滴入香油，倒入煎炒好的鸡蛋再次翻炒调匀，加入味精，出锅装盘，中间放上切好的香菜进行点缀。这道菜大功告成了。

第二道菜是醋熘土豆丝。平时爸爸做的这道菜我只知道好吃，不知道做起来可真不容易啊。先切土豆丝，这可是考验刀功实力的一道菜呢！第一次切土豆丝，我唯恐切到手，结果切出来的土豆丝可想而知是什么样子了，那简直就是土豆条。爸爸、妈妈边看边鼓励，说我是第一次切土豆丝，蛮不错了。他们手把手示范如何切土豆丝：首先要切成土豆片，土豆片切的薄厚程度决定了土豆丝的粗细；还要掌握切的要领，右手操刀，左手4个手指要用指肚用力摁住土豆，蜷起来的上指关节抵住右手操刀的里面，指肚要微微往里弯曲，这样就不会被锋利的刀刃切伤。土豆丝切好后要立即放入冷水中以防氧化变色。接下来的活就是醋熘了。刷锅，开火，倒油，倒入适量的香醋，倒入焯过的土豆丝，翻炒几遍即可出锅装盘了，最后滴入香油。第二道菜也完工了。

猪肝、烧鸡只是切一切、撕一撕装盘即可。水煮虾也很简单，上锅烧开水后放入大虾煮8分钟，捞出用牙签剔除虾线装盘。最后一道菜是清蒸大闸蟹。跟做虾不同的是，大闸蟹要上锅蒸，蒸12分钟左右就能享用了，吃时配上蚝油、香醋、姜末等蘸料。

接下来的家庭作业就是给爸爸、妈妈洗脚。前年妈妈在北京天坛医院住院手术后哥哥每天都给妈妈洗脚,爸爸把哥哥给妈妈洗脚的照片、视频发到我们家族的"幸福大家庭"微信群里,我大爷、大娘都夸赞哥哥是个大孝子呢!也许是受哥哥的影响,给爸爸、妈妈洗脚这项作业根本就不在话下了。

最后这项作业就是和爸爸、妈妈对视。我还从来没有仔细看过爸爸、妈妈,这回真的掉泪了,没想到爸爸的两鬓已染上霜花。

我有一个比我大12岁的哥哥,我早已习惯于一家人的精心呵护,对他们的关爱熟视无睹,有时哪怕只是一件琐碎的小事也使我沉默不语以示我对他们无声的反抗,从不顾及他们的感受。尤其是父母不让我触摸手机,我对他们更是心生反感和戒备。

也许是因为我年龄小,父母也不指望我做任何家务,久而久之我便养成了懒散的习惯,习惯了饭来张口、衣来伸手的生活,以致我的书桌上真的堆积如山成了"书海"了。爸爸顺理成章当起了我的"老书童",每次放假返校后爸爸总要彻底地打扫一次"战场"。爸爸、妈妈是怕耽搁我的学习主动替我收拾书桌、整理课本的,父母对我的爱都渗透在生活的点点滴滴里,都浸润在不知不觉的细节中。我和爸爸对视的时候,猛然看到爸爸的两鬓染上了白发,皱纹悄悄地爬上了额头,我的泪珠不停地在眼里打着转,静静地,默默地,眼泪情不自禁地涌了出来……

父母的爱似春风拂面和煦而温柔,父母的爱如清泉小溪清澈而甘甜,父母的爱宛若漆黑的夜里熠熠闪烁光芒的灯塔照亮了我的前程……父母的爱就是我心中永远的花朵,默默地绽放,开放在我的心灵最深处。

◎ 双喜临门,美丽劳动(刘曼雅)

喜迎假期,国庆、中秋合体给这个假期带来了别样的体验。

人们常说是劳动创造了幸福,是的,一分耕耘一分收获,只要辛勤劳动一天便可得一夜安宁,辛勤劳动一辈子便可获得一生幸福。劳动创造财富,劳动创造了美。

　　这次国庆假期学校给我们布置了"花样"任务，比如，做四菜一汤、给父母洗脚、和父母对视3分钟、数一数爸爸妈妈的白发等。许多之前闻所未闻的家庭活动，也给了我们心灵的滋润和升华。

　　美好的一天从劳动开始。做四菜一汤，这个看起来最为艰巨的任务，我决定在10月1日这天早上完成。先来准备食材吧：西红柿、鸡蛋、白菜、土豆、肉馅。我打算做一道西红柿炒鸡蛋、一道醋熘白菜、一道炒土豆丝、一道丸子汤，最后来一个压轴大菜——烤鸭。我开始了在美食路上的艰难探索。"啊"，听到这声尖叫，不用想，肯定是我又被油溅到了。我的仙女妈妈从天而降，拯救了我这锅即将起火的土豆丝。在通往美食的路上，我经历了"九九八十一难"，最后也如唐僧师徒一行人那般"取得真经"。饭桌上，看着有些焦黑的土豆先生，我心里很是过意不去。相信我，下次您一定会英俊潇洒的。

　　吃着自己的劳动果实，心里美滋滋的，哪怕味道并没有那么如意，可那是我用了1小时奋斗而来的啊，劳动果真会让人心生欢喜。

　　有个地方，如果我们累了，是永远可以安然酣睡的港湾，那就是父母的怀抱。不记得有多久没有认真看过父母的容颜了，岁月这把无情的刻刀，在父母的脸上狠狠划过，留下了深深的鳌沟。

　　和父母对视3分钟——晚饭后的闲暇时光，我们一家人进行了这个小互动。我和爸爸静静地面对面坐着，彼此默默注视着对方。目光与目光交接，像温暖的光束；眼神与眼神交流，是无声的言语。不知道过了多久，我的眼睛湿润了，往日那么伟岸的父亲，原来半天都找不见一根的白头发雨后春笋般冒了出来，父亲眼中的血丝清晰可见，那黝黑褶皱的皮肤使整个人看起来老了10岁——父亲终究不是我记忆中意气风发的模样了。

　　父母渐渐苍老的容颜，记载着我们走过的漫长而艰辛的岁月，我们在长大。我们未来的路还很长，也许路上充满挫折、布满荆棘，不过总有两个人会给我们引路，与我们相扶，那就是爸爸妈妈。

　　感谢衡水中学，感谢这个双喜临门的假期，给了我锻炼自己动手能力的机会，给了我关注父母的机会。劳动创造美，劳动成就了我们的和谐社会。让我们每天一问：今天你劳动了吗？

◎ 温暖的中秋（闫誉天）

又到中秋节了，又到了这个团团圆圆的日子。

我和妈妈拿出面粉，准备做烧饼。妈妈拿来一个亮得能映出人脸的白瓷盆，我从柜子里取出白糖和发酵粉。烧好了温水，妈妈让我往面粉里撒上一些糖和发酵粉，然后她便一手端着盛温水的碗一手拿着筷子搅拌面粉，时不时倒上些碗里的水。她手里的筷子不紧不慢地搅着面粉，不时碰到盆底发出细微的叮叮声，不一会儿，面粉便从一个白色的小沙丘变成了一大片毫无规律的小面絮，使人想到暴风雨来袭时波涛汹涌的海面。

接下来是和面。水先放在一旁，妈妈教我把面絮揉成一团，不断揉压、按、推，黏手了就蘸一蘸水。我表现得有些笨拙，揉压面团时总会把盆往前推几下。妈妈给我做示范，只见面团在她手里听话得像只小绵羊，不一会儿，一个十分标准的面团便和好了，这就有了团圆一词中"团"的寓意。

姥姥取来一个箅帘，盖在白瓷盆上，等面团发酵。

面发好后，姥姥教我把面放到案板上，搓成一个长条，之后把它切成均等的段。姥姥拿起其中的一段擀成一个大饼的样子，用小刷子在上面刷上一层花生油，再撒上一层面粉，卷成一条，切成小段，按平，擀成烧饼大小，放入预热好的电饼铛中，开始烙烧饼。

烧饼的香味从饼铛里飘出来，伴随着吱吱的声音。白白的小面饼放进去，拿出来的却是金灿灿、圆圆的烧饼，这便是"团圆"一词中的"圆"了。

天渐渐被涂上了黑色的颜料，爸爸也从外面赶回来了，我们一家人开始共进这顿团圆饭。一家人围坐在桌旁，每个人手中都拿着一个"团圆"的烧饼，有说有笑，屋子被这种气氛充满了。吃着自己亲手烙的烧饼，嘴里感觉甜甜的；享受一家人团聚快乐的时光，心里也是暖暖的。

我走到窗边，抬头望望天上的圆月，又举起手里的烧饼，不禁笑了——还真是像呢。看着这皎洁的明月，我感觉它也暖暖的。

希望这暖暖的月光能照遍每一个团圆的家庭！

◎ 让孝走进心灵（杨浩森）

在我的认知里，给父母洗脚、按摩已经是传统意义上的孝顺了，至今还隐约记得小时候电视里的公益广告，小男孩用稚气的声音说"妈妈，我给您洗脚"。对我们而言，在至亲面前，我们忽略掉的往往是这些最日常的温暖。

做完饭、吃完饭后当我跟爸爸说要给他按摩，他似乎有些愣神，又像是被我突如其来的举动惊愕到。解释清楚这是学校布置的作业，我把手缓缓搭在了父亲的肩膀上，由轻至重，小心翼翼。父亲坐得很直，丝毫没有平时躺在按摩椅上的放松，但他的脸上尽是舒适与惬意。那一刻我仿佛明白了学校的用意，学校的目的是让我们在给父母按摩的过程中体会父母的不易——那宽厚的肩膀在无形中为我们遮挡了多少风雨，扛下了多少压力。我这样想着，手上的力道也越来越重，试图让那长期僵硬的肩膀松弛下来……

父母的艰辛与不易是我们无法想象的，他们不说，不代表我们可以无视。我们要从平日的交流、从温和的态度做起，从日常的学习、从积极刻苦的习惯做起，从个人卫生、从迅速整洁的要求做起，让父母看到我们的改变，让他们的付出有所回报。

◎感恩于心，"甜"意无限（刘晓琪）

从婴儿的呱呱坠地到哺育他长大成人，父母花掉了多少心血与汗水，编织了多少个日日夜夜；从小学到初中乃至大学，又有多少父母为自己的儿女呕心沥血，默默奉献着光和热，燃烧着自己，点亮着孩子。感念于心，感恩于行，我们要通过自己的行动表达对父母的感激。感恩，最应注意的是自觉与真实。尽孝，不是别人让你，而是你让自己去做。真实，就是发自内心的感谢，没有任何虚假的东西。俗话说"滴水之恩，当涌泉相报"，更何况父母为你付出的不仅仅是"一滴水"，而是一片汪洋大海。你是否在他们生日时递上一张卡片，在父母劳累时送上一杯暖茶，在他们失落时有过问候与安慰？他们为我们倾注了心血、精力，而我们是否记得他们的生日、体会他们的劳累？又是否察觉到那一缕缕银发、那一丝丝皱纹何时开始一天一天多了起来？感恩需要用心去体会，用行动去报答。

我决定准备一个小小的惊喜，给爸爸妈妈带来大大的"甜蜜"——做果酱。

首先根据瓶子上的刻度估计出需要的苹果应该在450克左右，接下来把苹果皮削掉，把苹果核切掉，再把苹果切成小块（或者用搅拌机将苹果打碎成泥状）。柠檬处理方法同上。把切好（或打碎）的苹果放入锅内，然后加12杯水与苹果和柠檬汁混合，调大火让水沸腾。仔细捞走浮沫，盖上盖用小火慢炖。等到锅内的苹果变软了，通过不断搅拌的方式将其煮到半透明状态，然后加入300克的砂糖以及少许的盐，搅拌均匀后再改大火煮。注意不要让水分蒸干以致糊锅。等到煮出漂亮的光泽后，就可以关火并趁热将其倒进玻璃容器里，苹果酱就这样完成了。

父母的爱是伟大的，他们一直在为我们操劳。以前是我们小，还不懂孝敬父母，可现在，我们应该主动去孝敬父母，报答父母为我们所做的一切。帮父母做事的感觉真好啊，哪怕只是为他们做一瓶小小的果酱。

◎ 爱，是一生的作业（张海超）

小时候，妈妈会亲昵地搂着我，陪我看图画书，给我讲故事，教我识字。我奶声奶气、牙牙学语，妈妈会夸"宝贝，你真棒"，我也感到幸福和骄傲，我永远是她最棒的儿子。妈妈会牵着我的小手到处买好看的衣服、买好吃的零食、买看见了就抱着她腿不买不让走的玩具，她是天下最爱我的那个妈妈。可是，忽然有一天，我长大了，妈妈老了。

我开始淘气，不听话，让她生气，气得她眼红、暴躁，甚至掉眼泪，可事后，妈妈还是那个为我操劳一切的妈妈。上初中后，我来到衡中，开始了住宿生涯。妈妈每次送我，都在学校门口久久伫立，好像我永远是那个不让她放心的孩子。我知道妈妈的心意，可我不会表达——我猜妈妈也是期望的，期望她的儿子回头说一声"妈妈，放心吧"或者一句"妈妈，我爱你"，可是我已经长大到不会再有那样的表达，尽管天下的妈妈都在心底无数次地渴望过那一句话。

今年国庆节假期，学校给我们留了一项家庭劳动作业，帮父母做一些力所能及的事。我不以为意，觉得就是像小学那样感恩父母、为父母洗一次脚之类的。不过，要真让我做，我还真做不来——不知道从什么时候起，我对父母有了害羞之心。所以，放假回到家，我很快就把此事抛诸脑后了，而妈妈还是像往常一样，为我准备丰盛的饭菜，我只顾像贪嘴的小猫一样等待享受。饭后，妈妈提前烧好热水，让我洗澡，为我一样样准备好洗漱用品、换洗的衣服。忙完这一切，她又把我的一堆脏衣服、臭袜子一件一件捞出来洗。一切看起来都那么平常，也那么理所应当。

我洗完澡出来，一边往客厅走一边习惯性地嚷道："妈，我们老师要打印的东西你给我打印了吗？"妈妈没有回答，我诧异地趿着拖鞋往洗手间走，一下子愣住了。

妈妈正低着头，小心地摆弄着手指。她的手指缠了创可贴，可能是粘得有点儿紧，不好往下弄，她皱着眉头一用力扯了下来，疼得咧了一下嘴。我看见一道显眼的伤痕，刀口好像很深。我想肯定又是妈妈写字、画画裁纸时不小心把手弄伤了，可她还在为我洗衣服。那一刻，我心里有一种怪怪的感觉，有点儿疼，又有点儿愧疚。我问妈妈手怎么了，好像明知故问，可是又找不到合适的话说，或者心里有话但说不出来。妈妈语气平常地说："就是上午做菜的时候不小心把手割了，没什么大事。"

哦，我猜错了。妈妈总是这样，每次放假我回来前，她总是忙忙碌碌，准备我喜欢吃的饭菜，就好像这是必需的事，也是最重要的事——也可能是她一生中最重要的事吧。

我脸有些红，转身到客厅拿来一片创可贴，为妈妈粘到手指上。妈妈的表情恍惚了一下，但我能感觉到她内心的满足与幸福。我说："妈，你别洗了，我来吧。"妈妈的表情一下子诧异起来，好像眼前站的不是她儿子一样。我嘿嘿一笑说："老师给我们布置了家庭劳动作业，我就洗衣服吧。"

妈妈换了表情，开玩笑说："我说呢，今天太阳怎么从西边出来了。"我又嘿嘿一笑。妈妈说："算了吧，还是我洗吧，你该干吗干吗去吧。"我认真地说："不，今天我来洗。"说着就把妈妈往外推。妈妈说："行行行，妈今天享享你的福。"语气里全是温暖，妈妈已经好久没有这样了。

我蹲在洗手间里，一件一件地洗自己的衣服。我从没有想到我的衣服有这么脏，也没有想到我的袜子这么臭，连自己都不忍直"闻"。我硬着头皮洗完，真是累个半死，浑身像散了架一样，还弄得地上到处是水。这辈子我都不想再干洗衣服这样的活儿了。可是，转念一想，我又觉得脸红，妈妈不就是这样一直为我洗衣服吗？我已经15岁了，妈妈也为我洗了15年，妈妈为我洗衣服也有成千上万次了吧。想想都是件不平常的事，可在妈妈那里，她就是一如既往地坚持着这种平常。

我的心突然有种震撼，一种从未有过的震撼。

我一件一件把衣服晾好，内心却有什么在不停地翻涌着——我的作业只有这么一次，而妈妈却把这当作一生的作业。

晾好衣服，我悄悄地走进客厅，看见妈妈的背影在厨房里忙碌着。那一刻，我感觉她真的有些老了。妈妈快50岁了，妈妈也曾是个年轻的美人，可是她现在老了，而我已长成一个1.8米左右的大小伙子，也许是我把妈妈熬老了吧。

我走到妈妈身后，叫了一声："妈！""干吗？衣服都洗好了？"妈妈一边忙碌着一边说。我说："都洗好了，也晾好了。"妈妈有些惊讶地回头看了我一眼，脸上盛开笑容："行呀，今天出息不少！"

妈妈的表扬让我突然感觉自己又回到了小时候，妈妈也变成了那个年轻的妈妈。

想起新冠肺炎疫情期间，在家上网课，我忍不住玩手机的诱惑，总在上课的时候偷偷玩游戏，把妈妈真是气得够呛（现在，突然发现真是不应该呀），而今天，这项家庭劳动作业让我们彼此都这么温暖，仅仅是因为这一次家庭劳动作业吗？如果这么简单，那以后应该多这样。我想，真正使我们温暖的不只是这次家庭劳动作业，而是我感受到了妈妈把爱我这件事当作她一生的作业；如果我也把爱她当作自己的作业，妈妈一定是温暖幸福的。

不管妈妈以后变得多老，我给了她爱，她就会变得年轻。虽然我可能不会再说那句"我爱你"，但妈妈一定也是知足的，是懂的。

偷偷在这篇文章里说一句："妈妈，我爱你！"希望妈妈看到，又不希望妈妈看到，因为，我怕妈妈会流泪……

第二节　老师感悟

◎ 破解学生家庭劳动教育缺位的困局（陈志涛）

我出生于农村，儿时的生活总是脱离不了农活和家务活，那时的我既是迫于家庭生计的需要，又是感恩于父母辛勤的劳动。看着他们每天迎着朝阳、踏着露珠、汗流浃背，内心着实疼惜，自己若是偷懒片刻，都会觉得于心不忍、愧疚不安。时光荏苒，自己当了老师，发现现今的学生在家劳动的越来越少。综观社会，这也是一个亟待解决的社会问题。国家也敏锐地察觉到这一问题，迅速出台了《关于全面加强新时代大中小学劳动教育的意见》，为开展家庭劳动教育提供了全面而明确的指导。

1.家庭劳动教育缺位的困局

家庭是每个人出生后的第一个教育场，在这个场里，劳动教育发挥着重要的作用，因为它教给孩子如何去掌握基本的生活自理能力。以前，经常听到家长教育小孩"自己的事情要自己做"，随着孩子学业任务的加重，而今更多地听到家长说："你只管学习和写作业就行了，剩下的我们来。"学生的劳动时间更多的只剩下智力劳动，体力劳动时间严重减少。南京师范大学劳动教育课题组于2019年对全国3390位家长的调查显示，小学一、二年级学生周一至周五平均家务劳动时间约17.33分钟，三至六年级学生约为17.49分钟，初中生约为17.02分钟，学业任务较重的高中生更是少之又少。上海某大学录取的新生中，有60%以上的人不会挂蚊帐，许多大学生在入学前没有洗过一件衣服。足见，家庭劳动教育严重缺位的程度，这也衍生出学生的一系列问题：不愿劳动，勤奋不足；不会劳动，不能自理；不珍惜他人劳动成果，关系不洽；很少劳动，体力不强；没有劳动，创造力和实践力不生……真是细思极恐。出现这个问题的原因是多方面的，有家长层面，有学校层面，亦有社会层面。作为学校德育工作的直接实施主体——班主任，更应该思考如何破解这一困境，这既需要我们强化不可推卸的责任意识，也需要我们不断摸索实践的过程。

2.充分认识家庭劳动教育的基础性作用

《关于全面加强新时代大中小学劳动教育的意见》特别强调："家庭要发挥在劳动教育中的基础作用。"如何让这一认识深入学生和家长内心深处，真正明晓家庭劳动对学生成长的重大意义，这是推进家庭劳动教育的重要前提。为此，我运用以下方式加大这方面的思想宣传工作。

（1）通过开班会课，对学生进行劳动重要性的教育。马克思指出，劳动创造了人本身。著名教育家陶行知曾说："在劳力上劳心，是一切发明之母。事事在劳力上劳心，便可得事物之真理。"美好的人生需要在劳动中创造，人类的进步需要在劳动中取得。天道酬勤是真理，不劳而获是天真。通过历史和现实中的事例，说明劳动是一切之根本和源泉。

（2）通过开家长会，对家长进行劳动的再认识。家长对劳动的认识存在一定的误区。通过开家长会，努力纠正家长过分重视学生智力劳动而忽视体力劳动的错误认识；努力纠正家长过分宠溺孩子、不让孩子劳动的现象；努力纠正家长对劳动进行高低之分的偏颇认识，凡是劳动都是值得尊敬的。习近平总书记一直强调，劳动最光荣，劳动最崇高，劳动最伟大，劳动最美丽。全社会都应该尊敬劳动模范、弘扬劳模精神，让诚实劳动、勤勉工作蔚然成风。通过举实例，说明家庭劳动教育对于孩子生存、成长和成才的重要意义。苏联教育家苏霍姆林斯基认为，劳动的乐趣是一种巨大的教育力量，每一个孩子都应当在童年时代深深体验这种崇高的情感。

（3）通过布置劳育文化，加强师生对劳动教育的认识。年级部专门在楼道中布置了劳育的文化，通过古今中外一些名人关于劳育的名言加大劳动教育的宣传，以利于推进劳动教育在师生心中生根发芽。比如，朱熹的"黎明即起，洒扫庭除"，宋时的"勤以修身治世，劳以持家效国"，列夫·托尔斯泰的"幸福存在于生活之中，而生活存在于劳动之中"，高尔基的"劳动使人建立对自己的理智力量的信心"。

3.注重丰富家庭劳动教育的活动形式

目前，家庭劳动教育存在着狭隘化、形式化的问题。狭隘化就是把家庭劳动教育窄化为干家务活，形式化就是让孩子随便干点儿，拍张照片，应付老师就行了。解决问题的关键在于创新家庭劳动的形式，让家庭劳动教育丰富多彩、趣味丛生、扎实过程、重在成长。可以提倡学生放假在家从事以下家庭劳动。

（1）做基本的家务活。比如，清洁卫生、整理物品、洗衣服、做饭等。

（2）学习修理基本物件。比如，更换电灯，更换家具、门窗和电器的小器件，修理自己的学习用品、自行车或者参与修车等。

（3）购买生活用品。购买油盐酱醋、衣服鞋子等，了解购买注意事项，计算开支承受能力，了解如何才能物美价廉等。

（4）进行较为基础的理财。了解基本的财经知识，将自己的零花钱集中进行有保障的理财。

（5）学会基本的家用电器的使用。比如，洗衣机、热水器、燃气灶等。

（6）学会基本的烹饪知识。了解各种调味品和调味剂的使用，学习基本的厨具使用方法，了解如何进行食物搭配。

（7）学习基本的种植养护。了解基础的绿植和花卉种类及植物特性，掌握基本的养护知识和方法，定期对植物进行养护。

（8）初步体验家长职业。在条件允许的情况下，跟随父母去单位，观察并一定程度参与父母的工作，加深对职业体验的理解。

（9）参与社区服务工作。可以在环保宣传、走进敬老院、帮助残障人员、协管交通方面做一些力所能及的事。

总之，新时代家庭劳动教育发挥着不可替代的基础性作用。家庭劳动教育的深入开展仍需家长、学生和老师三方协同认知、共同探索、不断改进、持之以恒。唯有如此，才能培养出有坚强意志、健全人格、责任担当的新时代好青年。

◎ **劳动是最好的教育（李艳茹）**

著名的教育家陶行知先生说过，真的教育是心心相印的活动，唯独从心里发出来的才能打到心的深处。从陶行知先生的话中，我们不难领会，离开了情感，一切教育都无从谈起，包括劳动教育。可以说，劳动教育过程既是说理、训练的过程，也是情感陶冶和潜移默化的过程。

"人民创造历史，劳动开创未来。劳动是推动人类社会进步的根本力量。"这是习近平总书记对劳动重要性的深刻诠释。

帮父母做家务，虽然自己受了累，心里却很快乐。为什么？因为只要帮助别人，就能使自己在劳动中收获快乐。

办黑板报，虽然办报的人很辛苦，一星期都要早出晚归，但很快乐。为什么？为了班级的荣誉，我们不仅得这样做，还必须这样做！

劳动最美！劳动者心灵最美！俗话说得好，三百六十行，行行出状元。只要你热爱劳动，热爱自己的职业，你就是万绿丛中的一点红！

劳动最美，劳动者的微笑最灿烂！我们要像尊重自己的父母长辈一样，尊重每一位劳动者，无论他们的职位是高是低、成就是大是小。我们要时刻提醒自己，是劳动创造了美好的生活，是劳动造就了美好的明天。从现在开始，让我们立即行动起来，认真打扫班级卫生，主动做力所能及的家务事，像志愿者一样帮助身边需要帮助的人，培养自己劳动的品质和习惯。

作为一名老师，看到孩子们饭来张口、衣来伸手，我真的很痛心。家长们过于溺爱孩子的后果是孩子们什么也不会，连基本的生活自理能力都没有。我只能尽我最大的能力，去教孩子们一些生活常识，让他们明白劳动最光荣、劳动最美，去尊重每一个劳动的人；让他们懂得热爱劳动是我们中华民族的传统美德。"锄禾日当午，汗滴禾下土。谁知盘中餐，粒粒皆辛苦"，这首诗就是在告诉人们不要浪费每一粒粮食，要珍惜劳动成果。我要让孩子们从身边小事做起，不浪费每一粒粮食、每一滴水、每一分钱；要让孩子们爱护身边的环境卫生，养成爱劳动的好习惯。同时，与家长沟通，让他们在家里教孩子一些基本的生活常识。比如，系鞋带、叠被子、扫地。

劳动是人类文明进步的源泉，劳动是打开幸福之门的钥匙。中华民族是热爱劳动的民族，正是劳动创造了我们上下五千年的灿烂历史文化，创造了中华民族的传统美德。劳动使人高尚，是我们生存于世界的最为神圣的活动，是每一个现代人必备的基本素质和行为习惯，热爱劳动、尊重劳动应该成为全社会的道德共识。

我相信，只有劳动才能给我们带来幸福的生活。

◎ 劳动习惯伴我行（白召红）

9月带班以来，我发现班里学生劳动意识淡薄、劳动能力差。新生入学后好多孩子不会挂帐子，不会洗衣服，甚至不会系鞋带。班里大多数学生都已经十五六岁，马上跨入成年人的行列，却连最基本的生活自理能力都欠缺。劳动是人类生存需要具备的最基本素质，然而这一中华民族优良的品质正遭到某些因素的削弱与侵蚀。

劳动在青少年成长过程中发挥着巨大的作用，首先，劳动有助于孩子形成良好的思想和道德品质。实践证明，人的许多优秀品质是在劳动中形成的。只有在劳动实践中才能培养孩子爱人民、珍惜劳动成果的品质，养成勤俭、艰苦朴素的好作风。劳动能锻炼孩子吃苦耐劳、克服困难的坚强意志，有助于培养孩子良好的社会适应力，促进身心健康；劳动能培养孩子勤快、主动的工作态度，有利于形成对集体、对国家的义务感和责任心；劳动能培养孩子自立、自理、自强的独立生活能力和进取精神；劳动能促进孩子的智力发展。有些家长不让孩子干家务活，不愿让孩子参加学校组织的劳动，一个很重要的原因是怕影响孩子的学习。其实学习和劳动并不冲突，因为劳动可以改善呼吸、血液循环，促进生理上的新陈代谢过程，调节大脑疲劳，有利于大脑发育。在劳动中，孩子双手的活动有益于左右脑的开发，促进逻辑思维和形象思维的发展，有助于提高学习能力。劳动还可以培养孩子的观察、分析、判断、创造和动手能力。

其次，劳动可以使孩子学会生活，形成健康的人格。学会劳动、养成劳动习惯是孩子学会生活、形成健康人格的重要保证。劳动可以培养孩子动手创造整洁的学习生活环境，使他们明白劳动是创造美好生活的源泉，有助于培养孩子的心灵美。在日常生活中，每个家庭成员都自觉主动地承担家务劳动，可以增进家庭的团结稳定，使家庭气氛和谐。每一位有远见的父母都应该培养孩子从小学会做合格的家庭成员，这不仅是为了减轻父母的劳动强度，也是为了孩子一生的幸福。通过劳动，让孩子学会关心他人，即在外关心同学、老师，在家关心包括父母在内的长辈，长大成家后才能关心妻子、丈夫。

　　培养孩子热爱劳动不是个简单的习惯问题，从长远来看是一个关系到全民族素质的大问题。一代青年如果不爱劳动将后患无穷，古巴比伦的消亡与民族好吃懒做有着密切的关系。因此，在这个问题上我们绝不可等闲视之。

◎ 满满幸福感的劳动教育（荣文彤）

　　今年国庆节孩子们有4天假期，我给他们布置了几个小小的任务：做一些家务或帮父母洗脚等家庭劳动教育活动。

　　举办这项活动的主要原因是现在学生在家更多的时间花在学习上或一些自己的事情上，虽然有一定的劳动意识，基本能做到自己的事情自己做，可是对家庭的贡献偏少，体会不到父母的辛苦。其实，孩子做家务不仅能帮父母减轻负担，另一重要意义在于让孩子们意识到做家务不是父母理所应当做的事情，而是每一个家庭成员都应该对家庭尽的义务，任何人不能只享受环境而不为此付出。做家务不仅可以提高孩子们的动手能力，培养他们的独立自立性，为3年住宿生活打下坚实基础，还可以培养孩子们的责任感与承担意识，有助于他们在学校更好地融入集体，与同学和谐相处，从而发展自我，所以举行这一系列活动是非常有必要的。

　　活动布置下去后，孩子们踊跃参与，纷纷提交照片和视频。看到孩子们认认真真扫地、拖地的样子，明显经验不足但又全神贯注的切菜姿势，蹲在地上细心专注地洗衣服、刷鞋的样子，给父母洗脚时父母脸上洋溢着的幸福，还有他们与父母对视时虽然想笑但还是从照片中洋溢蔓延出的温馨，给父母数白发时眼里流淌出的心疼与关心……从这些画面中我感受到了浓浓的、暖暖的、满溢出来的温馨与温情，我看到孩子们真正实现了这项家庭劳动活动的意义，真正受到了教育，我感到十分欣慰。

　　孩子们回校后我随机问了几名同学，他们都反映经过这次教育活动，自己更能理解父母平时的辛劳了，与父母感情更好了，也更能主动承担责任和帮助父母做力所能及的小事了，甚至可以主动关心照顾父母了。活动反响很好，我作为班主任也很欣慰，很高兴可以看到孩子们有这么大的成长，这也更坚定了我重视家庭教育、将这一系列活动继续开展下去的决心。

作为班主任，更是我的孩子们的朋友，无论从哪个角度，我都衷心地希望孩子们不仅在学习方面有所成就，成绩更上一层楼，在其他方面也要影响与培养。也就是说，比起让他们成为"两耳不闻窗外事，一心只读圣贤书"的只学习的书呆子，我更希望他们成为有良好人格的、具有优秀品质的、孝顺体贴的、有责任感的全方位发展的青少年！

第三节　家长感悟

◎ 家庭劳动培养动手能力（孙孟元家长）

假期里，家里网购了一张电脑椅。取回快递后，儿子却一反常态，他迫不及待地拆开包装，准备动手组装。我急忙说："别忙，你装不了，等你爸爸回来再装。"儿子一向听话，可这次却坚定地回绝了我："我都多大了！这点儿事我能办好！"

说完，儿子不顾我诧异的表情，拿出他爸的工具箱，兴高采烈地打开它。他从里面拖出了各式各样的工具，改锥、锯子……有他熟悉的，也有他从来没有使用过的。

看起来，组装的过程并不那么顺利，组装的难度之高，就连在旁边观看的我也不禁为他捏了一把汗。木屑纷飞，砂纸的沙沙声充盈于耳。渐渐地，儿子开始气喘吁吁，脸涨得通红。有时遇到组装上的难题，他会静静地放下工具，拿起水杯休息，有时干脆躺在地上，两眼静静望着洁白天花板上黄色的壁灯。平复心情后，他又全身心地投入组装中。我注意到，他的手已经被磨得通红，臂膀上也留下了锯子的划痕，但是他似乎一点儿也没有察觉到。

不久之后，零散的木板渐渐被拼凑成了椅子的形状：整齐的椅腿，舒适的椅背，支撑着向两侧延伸成流线状的气垫……

"完成了。怎么样？"这语气太熟悉了，这不正是儿子幼年展示搭好的积木时的惯用语吗？我看着儿子充满骄傲的笑脸，心想：从搭益智积木到组装实用木椅，这是多大的跨越呀，这是多么令人惊喜的进步啊！似乎一眨眼间，儿子就长大了，儿子可以自豪地炫耀他的劳动成果了。

儿子，我为你高兴。从幼儿园到小学，从小学到初中，从初中到高中，你的哪一点进步不令我欣喜若狂呢？可儿子你知道吗？你的哪一点进步离得开学校、老师、家人、朋友的帮助扶持、引导教诲呢？你学穿衣，幼儿园阿姨多少次不厌其烦地示范纠正；你做错题，学科老师多少次一点一滴地批阅改正。我知道，你已经从幼苗长成了小树。可你知道吗，你成长的过程中，有多少人为你除去周边的杂草，有多少人为你驱走有害的飞虫？

从会搭积木到会组装座椅，你的人生路上留下了一个新的标记。我希望你走好成长的每一步，更希望你感恩成长路上帮助过你的和正在帮助你的每一个人。假如有一天你已经是直冲云霄的大树，在为自己喝彩的同时，也别忘了支撑你生长的大地。

◎ 喜欢干家务的孩子更优秀（刘冠男家长）

父母对孩子，都愿意倾尽全力把最好的给他。自打孩子初中住校后，两周回一次家或者三周回一次家，我们会替孩子把一切都收拾好，包括做饭、洗衣服、准备上学的用品。我们体谅孩子在学校的不容易，愿意创造一个温馨、轻松的家庭环境给他解压。当他提出干家务活时，我们会让他把精力放在学习上，我们也认为这很正确，但是今天的家庭感恩劳动让我们改变了初衷。

当得知班主任景老师安排了家庭感恩劳动时，我们很为难，让孩子做什么家务呢？经过与孩子商量，决定让他从身边的事做起：洗校服、洗袜子、洗内衣和刷鞋。说起来简单，但是做起来可没那么容易，要统筹安排时间，有限的时间内需要同时做几件事，先做哪件后做哪件都会影响干事的效率，都需要他安排思考。看到他用洗衣机不知道放多少洗衣液、洗袜子时不知道怎么洗时，我们突然感悟到，干家务对孩子不只是身体的锻炼，对他的专注力、组织力和责任感还是一种很好的实践。

当年的东方神童魏永康，4岁上小学，8岁考进重点中学，13岁高分进入985名校，17岁考入中科院高能物理研究所，硕博连读，看似前程似锦，但读了3年研究生后，中科院以长期生活自理能力太差为由，将其劝退。原来一直到高中魏永康吃饭都是母亲一勺一勺喂给他吃，典型的中国式巨婴。我们不愿意自己的孩子成为这样的孩子，感谢学校安排的这次活动，让我们对教育孩子有了更深层次的感悟。

我们的世界越来越多元化，一个人优秀与否，看重的早已不再是单一的成绩，而是拥有更健全更丰富的人格。一个在生活上懒惰的孩子，不可能在学习上勤奋；一个在生活上没有规矩的孩子，不可能在学习上有章法——人的行为决定了思维，思维决定了习惯。我们希望孩子能通过干家务提高专注力和解决问题的能力，培养负责任和不怕挫折的特点，成为一个有热情、有兴趣、有恒心的人。一屋不扫，何以扫天下？希望孩子能通过这次干家务，真正明白只有努力付出才会收获成功与幸福，并把这种体会和理念应用到学习中，只要坚持下去，一定会收获更好的明天。孩子加油！

◎ 孩子，请悦纳自己（李伯勤家长）

弥足珍贵的国庆小假期，儿子的下厨首秀精彩呈现。

经过多轮磋商，综合考虑了难易程度、饮食爱好、食材配备、天气阴晴……爸爸、妈妈、儿子一致决定：午饭吃炸酱面，由儿子主厨。

"吃炸酱面，炸酱是灵魂，可得把酱炸好啊。"儿子一边念叨着，一边着手准备了。肉丁是现成的，黄豆酱和甜面酱的调配比例、熬制时间、注意事项，我都跟儿子交代清楚了，我暂且做一次"甩手妈妈"，静候佳音吧。儿子一丝不苟地往锅里放油，有些紧张，动作拘谨，鼻尖有汗，但是眼睛里有兴奋的光芒。肉丁溅起的热油让儿子失声惊呼："哎呀！"爸爸噌地蹿进了厨房："儿子，我帮你！""不用了，爸爸，我自己可以！"儿子满眼坚定，爸爸担心而又欣慰地退回客厅。

香味已经弥散过来，看来这有灵魂的炸酱是要胜利出锅了。"我该怎么表扬、鼓励、感谢儿子呢？"我正浮想联翩，儿子喊了起来："妈妈，妈妈，快来！"我迅速冲向厨房，一股焦煳味儿飘了过来——"灵魂"煳了！儿子满头大汗，有些不知所措。

把炸酱盛出来，刷锅，气氛有些沉闷，我赶紧鼓励儿子："没事儿，开始准备配菜吧。先炒茄子。"儿子犹豫着看了看客厅，喊："爸爸，你来帮我吧！"爸爸愉快地答应："好，我给你打下手。"

开火、放油、放葱花……炒菜的步骤倒是记得挺清楚，但这次还是出了问题，炒茄子成了水煮茄子啦！刚才炸酱煳了，这次炒茄子儿子用力过猛，水放多了。"妈妈，我是不是太笨啊！"儿子满脸沮丧。我笑着说："儿子，来，休息一会儿，过一会儿咱再接着炒。"看着儿子失落的样子，我说："知道有厨师培训学校吗？炒一盘好菜不是天生的，他们得练习很多次，不知道被热油烫伤了多少回呢。就说妈妈吧，炸酱也是练了好几次才成功的，所以，你第一次炸煳了，很正常。"儿子点了点头。"虽然酱没炸好，但你想想，这就是你的正常水平，因为你是第一次做这件事，这也不是你擅长的。既然这样，咱炸煳了也不用懊恼，因为懊恼直接影响了你的判断——茄子也没炒好。"儿子的表情放松了。"妈妈以前跟你提到过，人，要悦纳自己，就是要接受自己、接受优点、接受不足，这样才能客观地评价自己，时刻保持清醒的头脑。"儿子不好意思地笑了："妈妈，今天咱们改吃打卤面吧，我接着炒菜。"在一旁听着的爸爸赶紧说："我接着帮忙！""不用了爸爸，我自己能行。"厨房里传来了轻快的叮叮当当声。

长处、短处，优点、缺点，总是如影随形，那么，孩子，请悦纳自己吧！

悦纳自己，不是安于现状不思进取，否则，我们就会逆水行舟不进反退；悦纳自己，不是骄傲自满自鸣得意，那样，我们就会蛙坐井底闭塞自封。悦纳自己，就是要客观地评价自己，欣赏自己的优点，接受自己的不足，并努力向前，一直向前……

◎ 治大国如烹小鲜（尹鹏家长）

突如其来的疫情打乱了所有人的节奏，工作方面的压力顿时变大，同时又担心这"被迫"的假期影响孩子学习进程，直到学校有了劳动教育的作业，想想，既然事已至此，那就锻炼他劳动发展吧！看多了上大学一学期不洗衣服寄回家里或在外工作不会做饭只吃外卖最后得病的新闻，想着不能一味让他学习，以后他去远方读书，总不能都靠老母亲吧。

衣、食、住、行是我们生活中必不可少的4个要素，而我们最基础的幸福感也就来源于这4个字。随着生活水平的不断提高，对于儿子他们这一代人来讲，吃成了重要的因素，不仅要吃得饱，还要吃得好、吃得有仪式感。智能科技的迅速发展，全自动洗衣机、扫地机器人的普及，使洗衣、打扫已经不需要费太多事了，只有家里的饭，是需要投入感情、用爱才能做出来的。另外，看他对做饭也颇有兴趣，那就从这一项开始吧！

思前想后，孩子选择做咖喱鸡肉饭。说动手就动手！

按照教程，儿子开始一步步操作。切肉，准备作料，仔细计量……儿子开始还略显生疏，后面就渐入佳境了。看来厨艺方面他还是很有天赋的。

照顾他这么多年，站在厨房外看他忙碌的身影，内心像他面前的调料瓶，五味杂陈——不知道什么时候开始，这个小孩儿长大了。

饭做好了，他迫不及待又小心翼翼地端上桌——卖相不错。在他期待的眼神中，我尝了一口，竟然还不错！

做饭时热火朝天，吃饭时其乐融融。吃着儿子亲手做的饭，我心里欣慰又感动，这才是带着爱心的饭。当然，我也没少夸他。

"治大国如烹小鲜。"做好一餐饭，是对人的一个很大的考验，需要的不仅是熟能生巧，还需要耐心、细心、尝试和有条理的思维等。出现突发状况时，手忙脚乱和暴跳如雷都解决不了问题，能处理所有状况的唯一办法就是保持冷静、步步为营。所以，在做饭的过程中，就能看出一个人哪些做得好、哪些有欠缺。

他能在不熟练的领域，从做好前期准备、应对过程中的困难，到完成任务达到目标，就是对他最好的锻炼。相信在今后的人生路上，不管遇到什么难题，他都能应对并解决！

就像这突如其来的疫情，打乱了所有人的节奏，无论是生活、工作还是学习，但是慌乱和担心解决不了问题，不如就静下心来，停下脚步，多些思考，让接下来的工作和学习更有条理。

这次劳动教育，教育的不仅是孩子，还有我们自己。在紧张的工作和学习中，平心静气很重要。

不过话又说回来，这咖喱鸡肉饭是真好吃，以后孩子出门闯荡，家里的老母亲也放心了！

◎ 一勤天下无难事，劳动最美最光荣（周靖翕家长）

"一分耕耘，一分收获"是人人皆知的道理，人类社会物质文明和精神文明的成果，无一不是劳动的结晶。

我从小在农村长大，对农村乡土气息的热爱至深至沉，儿子周靖翕也"得了真传"，孩提时就习惯了农村的广袤大地，习惯了顶着露水拔花生、踩着泥巴挖红薯，习惯了被叔叔、大爷们摸摸头发、拍拍屁股。

白驹过隙，时光荏苒，转眼儿子已经长成了大小伙，转眼又到了金秋收获季。十一放假前407班班主任李艳茹老师早早就安排了中秋任务：劳动迎国庆——让孩子们学会做一道菜，给父母洗一次脚，通过劳动增强动手能力，体验劳动快乐，体会成功喜悦，喜迎国庆佳节。儿子终于可以在繁忙的书桌前抽身，到久违的大地上体验劳动的欢欣了。

近年来，随着农村城镇化进程的不断加快，农村劳动力都流入了城市成为建设者，家里留守的大多是老人、妇女和儿童。到了秋收农忙时节，男劳力130元/天、妇女100元/天都需要预约排队。儿子放假共5天，路上往返需2天，作业需2天，刚好劳动1天，任务就是秋收最累的一项——收玉米：先把玉米秸秆砍倒，把玉米剥开、攒堆、装袋、装车、运回家，再运到房顶摆成排，算是工序完成。家里二姑、二姨、大婶子、公公、婆婆，还有来年90岁的奶奶、88岁的爷爷都来帮忙。大家剥玉米都没问题，扛袋子运送可就都扛不动、运不动了。无疑，这个艰巨的任务就落在了不到16岁的儿子身上。虽然儿子个头已经将近1.8米，但毕竟还未成年，而且往年也从未干过这么重的农活儿。每袋将近100斤的玉米，扛在肩上还算比较容易，扛着走到地头也还行，但是再甩到三轮车里就明显吃力了。何况，车开走后，他还要小跑回家，帮忙把袋子从车上取下来，放到提升机上，运到房上，再搬下来，摆在一起排成排。一天下来，150多袋，总计1万多斤的玉米，都是他和一个帮忙的舅舅完成的搬、扛、挪、运。到最后，实在扛不起来了他就抱着玉米袋子走到地头，实在搬不起来了就连拉带拽一点点挪下来……这么高强度的农活，能够坚持完成对他来说真的是场严峻的考验。

我很是欣慰，不论再怎么累、再怎么热、再怎么乏、再怎么腿软，儿子还是挺过来了，虽然第二天早上醒来他流了鼻血，他还要急着赶回学校完成学业。

最真实的孝顺是陪伴，最真实的爱是心疼。因为儿子爱父母，爱姥姥、姥爷，爱爷爷、奶奶，才有了劳动时的"无穷神力"；因为儿子爱学校、爱老师、爱同学，才有了小学、初中、高中多次被评为劳动委员。

"功崇惟志，业广惟勤。"习近平总书记谈劳动时说，劳动最光荣，劳动最崇高，劳动最伟大，劳动最美丽。幸福不是毛毛雨，幸福不是免费午餐，幸福不会从天而降。人世间的一切成就、一切幸福都源于劳动和创造。高尔基也曾说过："我们世界上最美好的东西，都是由劳动、由人的聪明的手创造出来的。"衡实学校老师们安排的"劳动迎国庆"活动，虽然是引导孩子们从小树立人生目标并为之拼搏、为之奋斗的小小日常，却意义深远。对于衡实的学子，对于我们任何人来说，从做值日、做家务、完成工作任务这些身边的点滴小事做起，养成热爱劳动的好习惯，养成珍惜劳动成果的优良品德，都是人生成长进步极为基础却极其重要的价值体现和深刻体悟。

"一勤天下无难事。"相信衡实学子们定会继续以辛勤劳动为荣，深刻诠释"工匠精神"，激情释放创造潜能，用自己勤劳的双手去开拓更加幸福更加美好的明天。正如李艳茹老师作业安排中的最后一句话："让我们共同见证，共同参与，乐在其中！"

◎ 我的儿子长大了（李言蹊家长）

国庆遇到中秋，今年的国庆节是不寻常的，也是我们一家多年来过得最特殊的一个节日。今年，儿子考到了梦寐以求的学校——衡中。为了不耽误儿子的学习，我们毅然决定放弃和父母亲朋欢聚，而选择留在衡水一家三口简单庆祝。我们本以为会是一个异常冷清的节日，却没想到过得分外温馨和感动。

国庆节，学校给孩子布置了3项特殊的作业：给父母洗一次脚，数一数家长头上的白发并与父母对视3分钟，给父母做一顿饭。初次看到，3项作业，我想，前两项还好，但对于平时在家"十指不沾阳春水"的儿子来说，做饭几乎是不可能的，因此对孩子作业的完成我还是很期待的。

放假的第一天早晨，儿子就给了我惊喜。凌晨5点30分，儿子随着闹铃声一跃而起，把被子叠成了"豆腐块"，然后开始晨读。晨读后，儿子开始神神秘秘地翻看手机。正当我以为儿子3分钟热度又现原形要发火的时候，瞥见了儿子手机上的菜谱，原来儿子在上网查炒菜的方法。儿子准备了两菜一汤：菜花炒虾仁、醋熘土豆丝、丸子汤。儿子一本正经地对我说："妈妈，学校让做四菜一汤，我只能做两菜一汤，尽我的洪荒之力了！"我说："其他两个菜妈妈给你补上，咱们全家齐动员，圆满完成任务！下次放假你再学两道菜，我们循序渐进！"儿子紧锁的眉头展开了。看着儿子认真切土豆丝的背影，看着儿子手忙脚乱地一手拿锅盖挡着脸一手拿铲子扒拉菜的滑稽样子，我眼眶一红，视线模糊了。我和孩子爸爸把儿子做的菜都吃了，孩子爸爸还夸张地把菜汤和着米饭吃光了，我俩相视一笑——我们的儿子长大了！

吃完饭，儿子让我坐在椅子上，他的大手笨拙地扒拉着我的头发，一边扒拉一边小声念叨："怎么这么多白头发啊？原来没发现啊。哎呀，越扒拉越多呀！这怎么数啊？"我说："妈妈老了，你长大了！"儿子停止了念叨，沉默了，手上的动作越发轻微了，然后声音有些低沉地说："不数了。"他默默地坐在我对面，开始对视。我不知道他端详我的时候心里是怎么想的，我看到他眼睛闪亮亮的，一点点变红了。儿子的小脸有点儿糙，一定是平时上学早晨忙得都没时间好好洗脸，顾不上抹护肤霜。想到儿子身在异乡，独自求学，每天从凌晨5点30分忙到晚上10点，真的非常不容易。不争气的我和儿子对视不到1分钟，眼泪就流了下来。顶着巨大的压力，每天坚持努力学习，儿子的内心多么强大——我的儿子长大了！

晚上睡觉前，儿子打了一盆热水，端到爸爸面前，然后轻轻地为爸爸脱下袜子，把爸爸的脚放在水盆里，双手轻轻地掬起一捧水，慢慢地洒在爸爸的脚上。两个人都没有说话，但是我想，此时此景定会铭记在我们3人心中，余生久久不忘。

英国心理学家克莱尔说，这个世界上所有的爱都以聚合为最终目的，只有一种爱以分离为目的，那就是父母对孩子的爱。对于父母来说，分离何其容易？感谢孩子遇见衡中，在学校全方位的教育中，孩子在全方位地成长，让我们有了"分离"的勇气和底气，这何尝不是一种成长呢？

这个身在异乡的双节温馨而感动，我的儿子长大了！

◎ 小店长长成记（张帆家长）

步入高中短短几月，感觉闺女成长了许多，特别是国庆节让她去店里帮了一天忙使我感触颇深：孩子是真的长大了，懂事了，成小大人了！

国庆节小长假，很多人选择出去旅游。店里客服请假要陪孩子出去玩一天，正赶上我单位值班，正愁找不到人代替客服的工作，孩子说了句："我去吧！"迟疑片刻，我决定让她去试试。简单培训后她就上岗了，我生怕她出差错，通过监控实时关注着她，看见她先是打扫了店内卫生，然后像模像样穿上工作服，开启电脑坐在电脑前。我担心她能不能正常启动各类系统，毕竟网址和密码输错一个就进不去。大约10分钟过去了，我忍不住给她打电话询问，确定都登录了，我又嘱咐几句，放下电话。我想，孩子们有时候真的比我们想象的有潜力，很多时候只是我们不放心。

一上午我忙于工作，无暇顾及她，她也没给我打电话。终于得空，我从监控里看她，看到店里来来往往的人还不少，这丫头居然没有求救，她能应付过来吗？我正疑惑着，同事喊我，我赶紧又去忙。临近中午，我的手机响了，是女儿打来的。她说有个要求改地址的，说收件人是老人，需要转到村里，问我怎么联系帮忙转件。我告诉她黑板上有各个村里的转件员电话号码，她立马说知道了。我本来还有话说，她已经挂断了。我笑笑，算了，让她自己去处理吧。中午我下班过去，问她干得怎么样，她说还蛮有意思的。我突然想起上午的工单，不知道她有没有邀请好评，因为差评会罚款。她摇头，我赶紧看了看评价结果，客户给出的是好评，还配有一句话："非常有礼貌的客服。"我对女儿竖起大拇指，她乐了。

有了上午的经验，下午我基本放心了，也没去看监控、打电话。我正忙着，女儿打来电话："妈，有个差评让处理。""什么情况？"我问。她很激动："妈，有人竟然投诉业务员丑，太奇葩了！""也没什么，这样的事常有。"我见怪不怪。"那，怎么办？""你想想怎么和他说说吧。"我挂断了电话。这样无厘头的事，我通常都给客户打一通电话扯扯闲天，再试着邀请客户帮忙修改评价，因为评价对客户没有制约，个别人就这样任意投诉，没办法。总之，目前的服务业大多是客户对商家的评判，却少有商家对客户的评判。

终于下班了，我到店时，她正在打包货物。我逗她："焦头烂额了吧？""看不起谁了？"她笑着说。我看她嘴唇干裂，说："没顾上喝水，还说了很多话吧？""这点儿小困难能克服，不过我发现了个问题——怎么没有商家对客户的评价呢？""这可能是目前服务行业的漏洞吧，没办法。"我轻描淡写地说。说到这个，她很严肃："不对，这需要改观……"滔滔不绝，说了一堆想法。我看着她乐了，拍拍她的肩膀，开玩笑地说："好好学习，将来研发个商家评判客户的完善机制。"她居然很认真地点着头。我意识到她已经是有思想、有理想的高中生了，面对问题，她在思考、在寻找，甚至在解决。

知识与见识相得益彰，一天的锻炼激发了孩子的使命感，增强了她改变现状、改变世界的向往。努力学习吧，纵有凌云之志，还需身怀绝技。世界充满无限可能，正等着孩子们通过自身的劳动去开发和创造。

◎ 让勤劳成为一种人生习惯（武明昕家长）

秋天是收获的季节，面对累累硕果，我们或许能感知这既是对我们辛勤劳作的褒奖，也能让我们产生收获的满足感和幸福感。列夫·托尔斯泰说过，幸福存在于生活之中，而生活存在于劳动之中。高尔基也说，我们世界上最美好的东西都是由劳动、由人的聪明的手创造出来的。而我想对孩子说的是："就让勤劳成为你人生中不可缺少的一种习惯吧！"

时光荏苒，岁月如歌，爸爸妈妈心目中快乐的小公主，现已长成亭亭玉立的大姑娘了。时常想起小时候的你，喜欢模仿大人，看到大人打扫卫生，你就像模像样地拿起扫把，帮忙清扫垃圾；看到大人做饭，你就帮忙择菜、摆餐具；每当让你帮忙传递东西时，你就像一头快乐的小鹿，迈着轻盈的步伐，把物品送到大人手中。你就是我们心目中勤劳的小蜜蜂！每当我们对你提出表扬和肯定时，你总是表现得非常开心和快乐，随之而来的是你更努力地、更自动自发地参与到各种各样的家务劳动中来，乐此不疲，并逐渐地养成了勤劳的习惯！我们惊喜地发现，勤劳的习惯让你性格更加开朗、乐于助人：喜欢帮助同学，积极参与学校组织的各项工作；学习上认真主动。就是这个勤劳的习惯，使你健康、快乐地成长，也带给你无限的幸福！

进入衡水实验中学，你有了新的学习和生活环境，身边有和蔼可亲的师长、志同道合的同学。我们也欣喜地发现，你快速地融入了这个可爱可亲的大家庭，积极主动参与班级和学校的活动，你每天都在认真学习、快乐生活。

我们希望你保持愉悦的心情、勤劳的习惯、乐于助人的精神，在成长的道路上，一路向东，勇敢地去追逐自己心中的梦想，成就自己光彩夺目的辉煌人生！鲁迅先生说过，伟大的成绩和辛勤劳动是成正比的，有一分劳动就有一分收获，日积月累，从少到多，奇迹就可以创造出来。

◎ 立德树人，追求卓越，卓见成效（付丹怡家长）

没有摆拍，没有作秀，镜头下记录的就是孩子从初中步入衡水中学实验学校以来贯彻落实学校"大五观"的内容要求，领会学校立德树人的育人精神，积极参与家务劳动和社会实践活动——假期里不怕脏、不怕累，主动参加农村人居环境整治活动；请缨参与到妈妈的抄表工作中，感受父母的辛苦劳累；蒸馒头、包饺子、炒菜做饭……从零学起，能替父母分担一些是一些。闲暇时不忘看望爷爷奶奶，陪二老吃饭，第一碗必然先敬老。当女儿毫不嫌弃地捧着我的脚给我剪趾甲时，我的内心是感动的……孩子平日住校，回家后的所有良好表现毋庸置疑，完全得益于在学校受到的德育教育。

学校校服上衣领口的第一粒扣子上刻有一个"德"字，寓意扣好人生的第一粒扣子。女儿这次放假时，特意叮嘱我把这第一粒扣子加固一下，说丢了就不好配了。有道是"德不配位，必有灾殃"，学校把德育视为教育的根本，德、智、体、美、劳五育并举，不仅关注学生的学业水平和成绩，更注重学生能力的培养、行为的完善和人格的健全，全面推动素质教育，为学生健康成长奠定了坚实的基础。感恩衡实，立德树人。

第三章
社会劳动教育课

社会劳动教育是学生教育中通过动手劳动的形式，提升学生道德素质、促进学生全面发展的实践性课程。

中学生社会实践是指中学生走向社会，深入社会一线，为社会服务，直接感受社会生活，进行以社会理想和职业理想教育、劳动技能训练、科学素质培养为主要内容的课外教育活动。中学生参加社会实践有利于提升自身的动手动脑能力，拓展综合素质，增加社会阅历，积累生活经验，感知父母辛苦等。

本着以上原则，我校利用假期安排了田间劳作、服务敬老院、关爱留守儿童、职业体验等公益性劳动或体验式劳动，取得良好的成效。

我校劳动实践课重在培养学生的实践能力，多样化的实践方式能让劳动实践课更加丰富多彩，更能帮助学生提升道德素质。一方面，课堂实践与校外实践相结合。校内实践，如简单的手工制作，只需要齐全的原材料和工具就能在课堂上开展，而一些复杂的实践操作，如农业劳作等，需要学生到更为专业的活动场所开展劳动实践。另一方面，传统实践与新技术实践相结合。传统的劳动实践一般为课外参观、志愿劳动等活动形式，但有一些专业的劳动实践如职业体验等专业性动手实践，需要开展真实场景的实际操作。丰富多彩的劳动实践形式可以更好地帮助学生全方位地开发动手能力，促进中学生的素质教育与发展。

我校劳动实践活动的开展，以相应的情感为基础，在劳动实践课中注重学生情感的培养，帮助学生养成良好的思想品德，进一步促进学生正确的世界观、人生观和价值观的树立。一方面，劳动实践能让学生体会劳动的辛苦，让学生对劳动者充满感恩，也对现有的生活更加珍惜。劳动实践课为学生提供体验情感的实践机会，真正做到让孩子的情感教育内化于心。另一方面，劳动实践课真正贯彻新时代中国特色社会主义的思想，强调社会主义劳动原则，将政治性、道德性和实践性完美融合在一起，帮助中学生在培养动手能力、劳动意识过程中，树立正确的道德思想、三观价值和政治思想，成为全方位发展的新时代青年。

每年寒暑假，我校均安排部分学生开展社会实践活动，虽然辛苦，但一分付出，一分收获。经过假期社会实践的磨炼，同学们变得更加成熟、更加自信，增强了社会实践经验和组织领导能力，校园里到处洋溢着蓬勃向上的良好氛围。劳动实践活动也使同学们认识到团队合作、热忱奉献、参加锻炼的重要性，这将是一笔永远的财富。

第一节　怎样开展社会实践活动

学校开展的社会实践活动，是让学生走出校门，通过广泛接触社会，开阔视野，增长见识，获得体验，在提高社会生活能力的同时，促进思想道德观念的内化。社会活动内容非常广泛，包括学工、学农、学军、家务劳动、公益活动、调查访问活动等。近年来，随着教育改革的深化，社会实践活动越来越受到重视，很多学校把研究性学习课程和社会实践活动相结合，极大地提高了学生的综合素质。作为班主任，应积极组织学生开展社会实践活动，为他们将来能够顺利融入社会做好准备。开展这类活动时，班主任应注意做好以下几方面的工作。

第一，在活动选题上，要立足本地，因地制宜。

学校不是世外桃源，不可能脱离社会而单独存在。因此，社会实践活动只有立足本地，从学校所处的社会环境中开发活动资源，才可能使活动有长久的生命力。目前，很多经济较发达的地区建立了学生社会实践综合活动基地，在基地里，既可以学工、学农、学军，也可以进行科学实验。让学生在这样的基地里集中参加活动当然很好，但这些基地的活动毕竟是模拟的，与真正的社会生活还有一定的距离。因此，我们不能只依赖这样的基地，应把目光放在学校周围的社会环境中。比如，对于农村学校来说，可以多开展学农活动，如种试验田、走访农户、走访农业科技工作者、参加农业生产劳动、考察当地的地理地貌等；而城市学校，应该多和社区、工矿企业联系，开展诸如公益活动、参观访问活动、社会调查活动、企业生产活动等。同时，要尽量把活动的主题与教学活动联系起来，使同学们在书本上学到的知识在社会实践活动中有用武之地，这样，既能提高同学们参与活动的兴趣，又能加强他们对书本知识的掌握。

第二，在组织形式上，尽量以小组为单位，分散活动为主。

社会实践活动要想取得成效，最重要的是坚持不懈、持之以恒，因此，不宜举办大规模的集中活动。那些一哄而起、一哄而散的大规模活动，不仅容易流于形式，而且会给接收学生参加活动的那些社会单位带来不便，最终导致失去支持和配合。开展活动时，班主任可以先向全班同学征集活动主题，接着，可通过指定或"招标"的方式确定每个活动主题的小组负责人，最后，由组长和同学们通过双向选择，组成不同的活动小组，以小组为单位开展活动。在引导同学们选择活动小组时，要帮助每个同学分析本人的优势，尽量引导他们选择那些能够发挥自己特长的活动小组。

第三，要通过制定相应的规章制度，保证活动的开展。

基本的制度应该包括活动计划制度（一项活动最好以一学期为一个时间单位、以周安排活动计划。计划要求有具体的活动时间、活动地点、活动内容）、活动记录制度（活动中每个同学的表现、同学们自己的体验和感受、活动的社会效应等）、活动通报制度（每一个月或半个月以班会的形式，各活动小组通报活动情况、交流活动经验）、活动评价制度（活动效果的评价，优秀活动小组、优秀个人评价等）。

第四，要通过教师的参与、指导，调动同学们的积极性。

一方面，班主任要积极参加每个小组的活动，并从活动计划、方法等各方面进行指导；另一方面，可以将科任老师和家长组织起来，鼓励同学们邀请他们加入各个活动小组，担当顾问，具体指导活动的开展。任课老师有学科优势，家长有社会资源优势，得到他们的支持和帮助容易使活动取得成功。

第五，要高度重视活动中的安全问题。

在社会实践活动中，同学们要走出学校走向社会，因此存在诸多不安全隐患，班主任应引起高度重视。首先，在平时的工作中，要提升安全教育和自救自护能力。其次，在每次活动前，班主任要实地考察活动中同学们要面对的人和物，特别是参加生产劳动时要充分考虑劳动的强度、操作的难易程度、安全规范等，确认没有安全隐患才可允许同学们活动。最后，要尽量安排辅导老师或家长与同学们一起参加活动。

第二节　活动方案、成果展示

关爱社区"空巢老人"

一、活动背景

推进社会实践劳动教育，培养德、智、体、美、劳全面发展的中学生。

二、活动目的

慰问附近乡镇社区的孤寡老人，给他们送去一份关爱和温暖，让他们感受社会大家庭的温暖，同时弘扬和践行中学生友爱、互助的精神。

三、活动意义

弘扬中华民族尊老敬老的传统美德，共建和谐社会，展现当代志愿者深厚的人文关怀，增强我们的社会责任意识与奉献意识，为老年人献上自己的一份爱心，为老年人做一些力所能及的事，送上我们对老年人的一份关怀。

四、活动时间

"五一"劳动节期间。

五、活动地点

衡水市周边敬老院、养老院。

六、活动主题

"牵手夕阳红，温暖老人心"。

七、活动成员

班级7人小组。

八、活动流程

1.驱车到达目的地对接好后，全体志愿者给老人们问好，并赠送慰问品。

2.为老人晒被褥、打扫房间、洗衣物、陪他们聊天等。

3.合影留念，活动结束。

九、活动注意事项

1.和老人聊天，让他们回忆起美好的往事，使他们心情愉快舒适，注意倾听，不要涉及老人不高兴的往事。

2.行为举止要大方得体、注意措辞，切忌在敬老院内大声喧哗，注意活动中老人们的情绪变化。

十、社会实践报告

关爱空巢老人，让爱不再孤单

为了假期生活过得充实而愉快，我调查了解了很多关于老人身心健康的问题。这次调查活动不仅丰富了假期生活，也积累了丰富的社会经验，现分享如下。

1.知道了空巢老人的含义及现状

起先对"空巢老人"4个字，我了解得并不是很透彻。此次活动中我提前查找资料，了解了空巢老人指子女在外地、丧偶又体弱多病的老人和"三无"（无劳动能力、无法定赡养人、无经济来源）老人。

随着社会老龄化程度的加深，空巢老人越来越多，这已经成为一个不容忽视的社会问题。当子女由于工作、学习、结婚等原因离家后，独守"空巢"的中老年夫妇因此而产生的心理失调症状被称为家庭空巢综合征。空巢老人的困难主要不在于生活上的孤单和经济上的拮据，而在于心灵上因亲人陆续离开而产生的对未来的不确定的恐惧感和目送亲人离去却无能为力的失落感以及缺乏可交心的对象的空虚感。这3种感受极可能成为他们提早走向死亡的重要原因。

社会在发展，生活的质量也越来越高，整个社会的发展，使老人们似乎成了一个孤立的群体。当我们关注农民工问题，关注80后成长历程，关注经济发展、城市变革时，我们的目光是否错过了老人？

2.了解了空巢老人的生活

"出门一把锁，回来一盏灯"是对当今空巢老人生存困境的形容。

他们无人照料、生活不易。日常生活的不便尚且能艰难克服，但在遭遇突发状况甚至发生意外时，空巢老人根本无招架之力。

他们精神寂寞、郁郁寡欢。"人老了还能有什么盼头呀，瞎过呗！"一句话道出了多少空巢老人的悲凉心态。身体机能衰退、个人价值丧失、没有子女陪伴都让空巢老人备感失落，对生活失去希望。

他们深受疾病困扰、就医困难。人一旦老了，最害怕的便是生病。疾病问题在农村空巢老人身上表现得非常明显。随着社会的发展，一个特殊的群体——空巢老人频频出现、日趋剧增。

他们有的没有儿女、孤苦无依，有的想念自己的子女，却因远隔天涯或因子女工作忙碌不在身旁陪伴。他们渴望沟通交流，却找不到可以诉说的对象；他们希望融入社会，然而能做的越来越少。

空巢老人孤独、寂寞，生活中有许多困难与不便，需要获得精神上的慰藉，需要得到社会的关注关爱。部分空巢老人在心理上存在不同程度的焦虑、不安、孤独、失落、抑郁等情绪。与病痛等肉体上的伤害相比，缺乏精神慰藉对许多空巢老人来说是一种更大的伤害。

首先，生活保障是一个重大的问题。主要是经济方面，尤其是农村地区老人的养老问题将是国家今后很长一段时期的任务，目前的新农保水平还太低。随着经济社会的发展进步，城市空巢老人已不再是贬义词，而是意味着有房、有独立经济能力、有单独的生活空间、生活质量更高，这部分人的经济保障不是问题。因此，人们更应该关注广大农村的空巢老人。

其次是日常照料服务。开展适合老年人特点的服务，是当前应对老龄化的核心措施。目前的老年专业化服务水平不高，既缺乏专业的管理公司，又缺乏大批专业的护理员。如养老护理员，全国只有2万多人，而实际需求接近千万人。

最后是精神慰藉。目前城市老年人的精神慰藉主要依靠家政服务员，但专业的心理从业人员较少。农村的老人们就更不要提了，依靠的主要还是不在身边的子女、有自己生活的邻居。

3.加强对空巢老人的关爱，让爱不再孤单

子女应给空巢老人多一点儿关心。"人老了，思念儿女心切，对儿女往往没有别的要求，就是希望他们能多关心自己"，这是老人普遍的心愿。血浓于水，亲情的力量是任何事物都不能代替的。

今后，我们会将此活动切实落实下去，并继续做好衔接工作，真诚地服务于每一位空巢老人和孤寡老人，让爱心的接力棒一直传下去。我们将会号召广大青少年志愿者用自己的实际行动，将爱奉献给社会，温暖他人的同时快乐自己，竭尽全力，努力做一名合格的志愿者。

走进敬老院

一、活动主题

"双节送温暖，做卓越衡中人"。

二、活动目的

1.推进新高考、新教材、新课改工作落实，培养德、智、体、美、劳全面发展的中学生。

2.弘扬中华民族孝敬老人的传统美德，增强学生尊老、爱老、敬老、助老的意识。

3.增强对家庭和社会的责任感，让学生明白关爱他人、尊敬老人是我们的责任和义务。

4.培养学生动手实践、与人合作的能力，培养学生口语交际能力和与人沟通交流的能力。

三、活动意义

在经济飞速发展、物质越来越富足的今天，有越来越多的老人却遭到忽视，失去了关注和关爱。按照马斯洛理论，老人群体在社会中的存在感是实现老人群体价值的意义所在。我们每个人都会变老，这是任何人都不能抗拒的自然规律。我们国家是社会主义国家，老有所依是和谐社会的重要组成部分。让我们一起走进敬老院，走进老人们的生活，让我们走近一点儿、靠近一点儿，一起"听心"。

四、活动地点

衡水市友力托老康复中心。

五、活动人员

组长：班主任。

成员：学生志愿者，家长志愿者。

六、活动准备

1.联系敬老院，了解具体情况（人数、男女房间数、老人兴趣、特殊老人的家庭背景等）。

2.根据了解的情况准备节目（学生节目，展现衡中风采）、聊天大纲（避开敏感话题，倾听老人讲述往事）、礼物（统计人数）。

3.准备器材（节目道具、礼物、摄影工具等）。

4.人员分组。

（1）总协调：指挥调动各项活动。班主任负责。

（2）联络人员：联系敬老院。

（3）后勤保障人员：准备礼物、器材、道具等。

（4）摄像人员：拍照、录像1~2人。

七、活动要求

1.每位参与同学都要饱含热情，以认真负责的态度对待此次活动，讲文明懂礼貌，与老人交流时要亲切热情、大方得体，展现衡中学生尊老爱幼、热爱家园、热爱祖国的风采和风貌。

2.参加活动的每一位同学都必须服从组织安排，不得擅自离开岗位，要记住或记录交流时老人们提出的问题。

八、活动流程

（一）前期准备

1.确定活动时间，确定走访哪所敬老院，提前联系敬老院负责人。

2.确定活动总负责人，做好分工，提前对志愿者进行培训，并说明注意事项（见第九点"注意事项"）。

3.提前准备好口罩、饮用水等物资。口罩统一颜色，全程必须戴好。

4.统一服装（校服）、统一礼貌用语等。

5.提前查阅一些关于老人心理方面的资料。

（二）当日安排

1.向老人问好，介绍活动流程。

2.人员分为三组。

第一组：帮助老人打扫卫生（扫地、擦桌子、整理床铺、更换垃圾桶等）。

第二组：与老人互动（谈心、梳头、捶背、捏肩、揉手等）。

第三组：陪老人聊家常、看电视、讲故事（如讲讲疫情、讲讲国家发展好、讲讲我国的北斗状况、讲讲今年我们衡中有多少优秀的孩子考进清华北大等）。

3.联谊会：表演节目（学生节目，高唱衡中校歌）。

4.赠送礼物，与老人道别。

5.与全体（或部分）老人合影留念。

6.活动结束。

九、注意事项

1.在活动开展期间服从管理。

2.注意个人行为，注意维护志愿者形象和学校形象。

3.合理分配好每位同学的工作。必须服从组织安排，不得擅自离开岗位。

4.由于老人的年龄等特点，在帮助老人时要小心，确保活动期间自己与老人的人身安全。对老人要亲切，不可烦躁，不要怕脏，尽量满足其合理的请求。

5.活动中文字记录及影像记录等一定要切实做好，活动后要跟进，要有总结。

6.活动中要尽量做到普遍关注敬老院中的老人，照顾好个别老人。

十、活动后期工作

1.做好各项记录及影像资料的储存。

2.撰写活动总结，为之后此类活动积累经验。

十一、学生收获

同学A：在这个国与家撞了个满怀的日子里，我有幸参加了慰问老人的活动。走进养老院的大门，绿柳成荫下那一张张慈祥的面容忽然触动了我心底那根弦。方方正正的餐厅里，老人们坐得井然有序，等待着我们的到来。我们为老人献了一首又一首歌，余音缠绕，连绵不绝。不要小看了他们，90岁的老奶奶可以唱完一曲《西双版纳》，80岁的老爷爷为我们独奏钢琴，八十六七岁的老爷爷高唱《我和我的祖国》不见困窘，可谓"老骥伏枥，志在千里"。他们只是容貌苍老，但心态依然年轻、依然向阳。愿我们在迟暮之年，心中仍有太阳。

"谁道人生无再少？门前流水尚能西！休将白发唱黄鸡"是他们的真实写照，那么正值青春年少的我们，更应珍惜这一去不复返的时光，活出自己的精彩。

同学B：看着年迈孤独的老人们，"双节"没有家人的陪伴，突然很心疼他们。我觉得这些老人缺的不只是物质上的给予，更多是精神上的陪伴，所以我们以后应该关爱身边的每一位老人。也许做到"老吾老以及人之老"的大同社会还有些遥远，但我们每个人都要尽力，才会减少"子欲养而亲不待"的遗憾。

同学C：每一位老人都值得尊敬，他们为了子女不辞辛苦操劳一生，在最后却选择平平淡淡过完余生。每个人都有年华老去之时，善待老人就是善待将来的自己。让我们从现在开始，从小事做起，保有最基本的尊重和礼貌，为社会奉献一份爱。

走进福利院

一、活动目的

1.走进福利院，通过观察和与工作人员的交流，了解福利院的组织结构。

2.给福利院的儿童、老人以及残疾人送去温暖，在这一过程中培养热心、爱心和善心。

3.在与福利院的儿童、老人、残疾人的交流中感悟生活不易，激发努力学习的动力，增强感恩意识。

二、活动意义

1.可以使人性中最本真的一面，即真善美体现出来。经常带着一颗真心去助人会深刻地理解"活着"的意义。

2.自己得到快乐的同时也帮助了别人。当你帮助别人时所获得的快乐是做任何其他事所不能比拟的。

3.可以培养社会责任意识、参与意识，锻炼并提高社会活动能力，有利于理论联系实际指导实践，更好地了解社会和现实，更好地理解和掌握书本知识；有利于青少年的健康成长、培养综合素质等。

4.积极承担责任是做人的基本要求。积极参与社会福利实践活动是服务社会、奉献社会的很好形式。在活动中，当我们用爱心火炬照亮别人的时候，其实也在温暖着自己；当很多人将爱心火炬传递下去的时候，其实也在照亮整个社会。

5.人生的意义不在于索取，而在于奉献。它既表现为在国家和人民需要的关键时刻挺身而出，也融会和渗透在人们日常的工作和生活中。我们只有不断为他人、集体、国家和社会做出贡献，人生才更出彩，自身价值才能更好地实现。奉献是一种真诚自愿的付出行为，是一种崇高的精神境界，是美好的人生追求。

三、活动流程

（一）活动前准备

活动前先与福利院院长取得联系，在得到院长的允许后，开始筹备关爱活动的细节。由志愿者干事组织25名志愿者参与关爱福利院活动，由志愿者干事给参与活动的志愿者上培训课，让志愿者了解福利院的环境并教导志愿者如何和孩子沟通等关于福利院的培训知识；组织采购探望需要的食品。在活动前一天晚上，干事组织参与活动的志愿者开会，再次强调活动时间和集中时间，以及说明去福利院的注意事项，并将志愿者分为两组。

（二）活动进行

从衡水中学正门出发。到达福利院后，两位志愿者干事先进入福利院询问院长。得到准许后，志愿者分为两组进入福利院，每组负责一栋宿舍，进入宿舍和孩子聊天，并分发山楂饼、陈皮丹等食品。关爱活动主要就是和孩子聊天，然后和孩子照相留影，最后大合唱，带动孩子们的气氛。

（三）活动结束

活动结束，先和院长打招呼，并询问对活动的意见。再次集中志愿者和孩子们道别。活动后，志愿者干事总结经验记在本子上，作为下次关爱活动的参考，以便让关爱活动越搞越好，让孩子们感受到热情，也让孩子们得到温暖。

四、活动反思

通过努力，给福利院的孩子带去关爱、欢乐和温暖，树立榜样，营造全社会关注福利院儿童的良好风尚。对此，衡中人感到很光荣、很自豪。希望通过我们的实际行动，传递爱的接力棒，给孩子们带去物质支持和精神关怀，让孩子们感受到我们衡中人的爱心。

从活动组织方面来看，准备充分、分工明确、权责清晰、开展有序，学生能够主动自觉配合工作，使活动开展流畅。大家齐心协力、团结一致，遇到问题能很好地加以解决，收到了较好的效果，充分地体现了衡中人较强的向心力和凝聚力。

从活动形式来看，形式灵活，学生以集体的形式走进福利院，进入社会，在实践中了解儿童福利院的工作情况，极大地丰富了学生生活的形式，增强了对多样化生活的兴趣。

从活动效果来看，本次进福利院活动，使总支党员深切地体会到了社会实践活动的辛苦与乐趣，同时通过学生对活动后的感受，对福利院有了切身的体验。

此外，通过此次活动的开展，极大地提高了学校以及领导班子的组织和协调能力，提高了组织的凝聚力和向心力。总的来说，此次活动的开展，不仅给学生也给生活在福利院里的孩子们留下了美好的回忆。

五、社会实践报告

澄澈的眼神，清澈的爱

尊老爱幼是中华民族的传统美德，作为新青年，更有责任和义务传承与发扬这一优良美德，深入学习雷锋精神，弘扬时代精神，提高和培养我校广大学生的社会实践能力和社会公德意识。为此，学校组织学生参加了"奉献爱心，感恩情怀"走进儿童福利院活动。此次活动体现了大家的爱心意识和奉献精神。

当我们怀着好奇与渴望的心情来到儿童福利院，那里的孩子一个个都用笑容表达着喜悦及感激之情。看着孩子们可爱真诚的笑脸，大家感到无比欣慰。我们和孩子们做游戏、聊天、联欢互动，顿时活动区热热闹闹，到处都充满着爱的氛围。虽然他们都是残疾儿童，有的肢体残疾，有的患有重大疾病，但一个个都活泼可爱、充满童真。有的孩子还为我们讲故事，表达他们的喜悦、感激之情。大部分学生第一次看见福利院的孩子，发现孩子们的眼神中充满了兴奋与渴望。我们感受最深的是这里的孩子真的很需要爱，哪怕只是一个拥抱、一丝微笑。他们失去了父母，是福利院的老师和社会上的好心人将他们抚养长大，他们的心里难免会有一些阴影和缺失，这些缺憾需要我们每个人帮助其弥补，让他们得到更多社会的关爱。他们是不幸的，同时也是幸运的。每位教职工对孩子关切和澄澈的眼神，对福利院护理工作恒久不变的热爱，让我们感受到一种震撼心灵的力量。在这里，我们从"妈妈"身上学会了细心、耐心和爱心，她们竭尽全力照料着孩子们，让我们充满了钦佩之情。院长还带领大家参观了福利院里的书屋、儿童公寓、康复室、娱乐室、医务室等场所，环境远比想象的要好，大家不禁感慨世上还是有爱心的人多，是那些充满爱心的人撑起了福利院儿童的一片蓝天。

时间过得很快。我们带着不舍和祝福离开，希望有机会再来这里，奉献我们微薄的力量。虽然这次短暂的学雷锋实践已经结束，但这段经历使我们终生难忘，这些收获也使我们受益终身。社会上还有很多弱势群体需要我们的帮助，需要我们的关心，在我们开心生活的同时，也别忘记了奉献自己的一点儿爱心给这些孤残儿童，给他们鼓励。只要奉献一点点爱，孩子们就会无比开心、无比幸福。此次学雷锋活动，不仅提高了同学们的思想品质，还给需要帮助的人带去了一份关爱之心。同学们献出了爱心，收获了真诚，更学会了感恩——只有奉献爱才能更好地收获爱，世界需要爱，社会需要爱，人与人之间更需要爱。"人间自有真情在"，作为志愿者，我们一定会尽自己最大的努力去帮助别人。这次活动进行得非常顺利，我们也一定会坚持下去，我们会继续关注社会公益事业，让更多的人参与到我们的奉献爱心活动中来，让爱心永远传递。

协助交警维护秩序

一、指导思想

加强对学生的道路交通安全宣传教育，宣传文明出行、文明乘车，劝阻不文明行为。

二、活动目的

为学生提供充分接触社会、参加实践的良好机会，增进同学们对社会的认识，引导学生深入接触社会，了解国情、民情，在实践中进行锻炼，增强社会责任感，为以后走向社会逐步打下基础。

三、活动对象

在校高中生。

四、活动形式

本次活动为假期学生社会实践，若区域有相邻较近的同学，可以适度组织小分队统一开展活动，一般以宿舍为单位。

五、活动内容

（一）前期准备

1.首先跟交警支队联系，争取得到对本次活动的支持，并商讨开展活动的具体事宜。

2.对本次活动进行宣传，争取让更多学生参与。请交警队队长先上一堂关于"生活与交通"的课，告诉学生维护交通安全秩序的重要性，然后向交警简单学习、了解常用的交通引导用语。

（二）具体实施

1.以宿舍为单位分组，每个小组由一名交警负责指导，在各个线路维护交通秩序。

2.纠正行人、非机动车驾驶人的违法行为；提醒行人、非机动车驾驶人按交通信号灯、交通标志、标线指示通行，安全通过交通路口；协助小孩、残疾人、学生或其他需要帮助的人安全通过路口。必须维护好交通秩序，不能随便应付。

3.如果遇到特殊情况，要及时联系交警，不能擅自做决定。

4.做一些有关交通安全的标语条幅（如"酒后驾车，拿命赌博""一秒钟车祸，一辈子痛苦""遵守交规，确保安全""礼让礼让，人车无恙""高速公路，行驶时速""心有交规，路有坎坷"）。

5.设立咨询台帮助认路困难的行人。

（三）注意事项

1.在活动中注意自身安全。

2.注意使用文明用语，避免与他人发生争执。

3.所有参与人员佩戴志愿者帽，树立我校良好形象。

4.注意保持公共卫生；严格遵守相关纪律，服从安排，如遇紧急情况，立即向部门负责人和交警队汇报。

六、活动要求

1.开学后每位同学上交一篇社会实践报告。团支书要对活动情况进行收集、整理、统计，以宿舍为单位，两周内将报告统一装订成册。

2.社会实践报告和相关资料要按照实际情况上交，严禁抄袭和弄虚作假，一经发现取消该生的活动成绩。

3.按照就近就便的原则，在学校周边、学生家庭所在的城镇社区或者邻近社村开展活动。

4.遵守诚实守信原则，坚决不允许在社会实践活动中弄虚作假。

七、社会实践报告

维护道路通畅，共建美好城市

我生活在秦皇岛这座美丽的海滨城市，更应该为它的文明、美丽贡献自己的一份力量。

8月的秦皇岛正值盛夏，炎热的天气加之车流高峰期，倘若出现交通混乱或交通滞缓将会直接影响市民的工作、生活和出行。我们本次活动的主要目的就是协助交警对非机动车辆和行人在违反交通规则时进行劝说和提示，帮助老人过马路及提重物。我们这支队伍被安排在飞鹅路人流量较多的路口——飞鹅路站点，8人一组，总共值守2小时。在短短的几次执勤中，我们志愿者对违反交通规则的非机动车驾驶员和行人进行劝说达几十次。大家充分发扬了无私奉献和吃苦耐劳的精神，都在为秦皇岛的文明出一份力。

清晨7点30分，我们准时到达路口，协助交警维护交通秩序。该路口人流量较大，又正值上班高峰期，车辆、行人来回穿梭。随着红绿灯的变化，起初含糊而不知所措的我们开始忙得不亦乐乎。在交警和协管员的耐心指导下，我们的执勤人员也开始劝说违反交通规则的行人和非机动车驾驶员。在来往穿梭的人群中，大部分行人都能自觉遵守交通规则或是能虚心接受我们的劝告，但还是有些市民闯红灯、不走斑马线，对执勤人员的劝说充耳不闻，硬是要闯红灯，有的还对我们恶言相向。对于这种行为我们很气愤。有些市民缺乏交通知识，安全意识淡薄，这是对自己生命的漠视，对自己不负责任，对他人不负责任。

通过几次活动，很多市民的一句"谢谢"或者是会心的微笑就是对我们最大的鼓励。作为交通协管志愿者需要勇气，也需要更多市民的理解和支持。

让我们携起手来，共同创建文明城市，共建美好明天！

第三节 感悟总结

志愿服务，勇担社会责任

◎ 担任小区志愿者有感（刘晓畅）

通过这次社会实践体验，我感受到了父母工作的不易，身为小区志愿者的他们，不仅要完成工作，还要照顾好我的衣食住行，真的十分辛苦。

我们的美好环境是他们创造的，维护的艰辛和不易只有他们自己知道。我们在学校学习，不能及时知道他们的情况，他们的苦累也不会对我们诉说，我们看到的只是他们越来越粗糙的手和看见我们时露出的欣喜的笑脸。

其实，每个小区工作者都十分辛苦，他们要及时了解居民们的需求、收集居民们的建议，要维护好社区的环境，要让每位居民都可以感受到大家庭的温暖。我仅仅是体会了他们工作的万分之一就感到力不从心，可想而知，他们平常的辛苦是我们体会不到的。我们以后要积极配合他们的工作，让他们有更多的时间去照顾自己的家庭。

身为一名高中生，我们身上肩负着振兴祖国的重任，但又有言，"一屋不扫，何以扫天下"，一个不能为小团体做事的人又怎能为了我们的祖国而奋斗？我们每个人都要从自身做起，从小事做起，将此事内化于心、外化于行，从小培养为国奉献的情怀。

我们是民族的未来，是祖国的希望，我们要上好道德教育的每一堂课，树立正确的价值观，真正成长为一名顶天立地的国家栋梁，时刻准备为祖国奉献出自己的一份力量！

◎ 环卫工人体验有感（冯奕凡）

每天走在整洁美观的大街小巷，你是否会想起他们——被称为"城市美容师"的环卫工人？他们每天起早贪黑地扫过千家万户，在最脏、最苦、最累的岗位上默默无闻地奉献着，只为让城市的明天更加美好。但是社会上歧视环卫工人的事时有发生，环卫工人的生存面临严峻的挑战。鉴于此，我们开展的活动涉及3个主题："环卫工人烈日下的坚守""环卫工人'老龄化'""关爱环卫工人从我做起"。

众所周知，环卫工人现在大都是一些50后、60后群体，再过个两三年这些人干不动了，怎么办？环卫工人年纪大、身体较弱，首先面对的问题就是危险系数提高。每年报道环卫工人被擦伤、骨折、晕倒的案例数不胜数。当然，这些与环卫工人年纪大、反应和行动慢也有关系，工人年纪大也降低了工作效率。

对于"老人过马路被搀扶"的时代影像，相信多数人都记忆犹新。如今的老年人"扫马路"岂不是让我们汗颜？不管吃，不管住，还那么累，工资还低，没人愿意干。年轻人不愿意加入这个群体，究其原因，有以下几点。

首先，环卫工人的报酬得不到提高，仅1000多元一个月的工资。应该让环卫工人的待遇慢慢接近其他重劳力行业的待遇。否则，环卫工人的工资水平永远在最低工资线上。其次，社会上对环卫工人的看法是不是也要有所改变呢？"职位无贵贱"不只是一句口头禅，他们也应受到应有的尊重。

文明社会，从尊重劳动者开始。

◎ 志愿服务社区有感（连一鸣）

今天，我跟随妈妈前往一个社区，去帮助工作人员张贴标牌。我们早早赶到，却发现工作人员已经开始忙碌。他们撕下旧的标牌，用铲子铲掉小广告。我也走上前，撕下旧告示牌，帮助他们给标牌后面粘上胶，粘贴在墙面上。看到崭新的标牌散发着光芒，我的内心无比激动。那个小区虽然很老，但在改造后很整洁：垃圾桶分类明确，地面干净整洁，没有乱丢的垃圾，环境美，许多老人在楼下休息、聊天。

我看到老旧小区的改造十分成功，居民们不用再忍受垃圾难闻的气味，墙壁上粘贴着"创建文明城市"的宣传标语，我感到了国家对民生的关心。政府为人民服务，让我们每一个人都能享受到幸福快乐的生活。我们作为新时代的青年，应该努力学习，长大后为国效力，回报祖国！

◎ 担当"马路天使"（袁英琪）

环卫工人被赞誉为"城市黄玫瑰""马路天使"和"城市美容师"，主要负责街道卫生保洁工作。我参加了公园草坪环保工作，从上午8点一直到11点。并不像我之前想象的那样轻松。

通过一上午的环卫工作，我深切体会到了环卫工人的辛苦。早晨，尽管天气很凉爽，但繁重的工作还是让人疲劳。路面上基本扫干净了，环卫工人才挺起微酸的腰杆。

环卫工人是大地美容师：为老者，留下一片蔚蓝天际；为幼者，留下一方美丽土地。和大地母亲贴得更近，因为我们谦卑地弯下了腰。

这花园般的城市，这天堂般的家园，正是我们的环卫工作者在寒风中、烈日下、暴雨里坚守岗位、勤勤恳恳地工作而造就的。是什么驱使他们如此认真地工作？是责任感和使命感。正是这坚定不移的责任心，让环卫工人天天奋斗在这平凡的岗位上，宁愿自己一身脏，也要换来脚下一片净。我们虽然在物质生活上未经历父辈甚至祖辈的那般锤炼，无法体验"汗滴禾下土"的劳苦和抛头颅洒热血的豪情，但是对于挑起国和家的重担，更加任重道远，我们要为实现伟大的中国梦而不懈奋斗！

◎ 清理"小广告"（苏厚栋）

十一期间我在父亲的陪伴下，和小区物业工作人员参加了社会实践。这次实践，让我明白了社会实践是引导我们中学生走出校门、走向社会、接触社会、了解社会的良好形式。参加社会实践活动，有助于我们在校中学生更新观念，学习新的思想与知识。

这天，我在小区干了一上午的活。物业阿姨先让我帮着小区的保洁阿姨打扫了楼道的卫生，又给了我一把小铲刀，刮小广告。我见过小区里贴得乱七八糟的小广告，早就想把它们清除掉了。我拿着小铲刀，在爸爸的建议下，准备了一瓶能湿润小广告纸的水就开始了工作。

被风吹日晒雨淋的小广告，我曾经因为好玩将它们毫不费力地从墙上撕下来过，可这次要清除的，是不久前刚刚贴上去的，它们比狗皮膏药还要结实。它们有的被涂了很多胶水，有的则自带不干胶，是直接贴到墙上的。我全力鼓捣了好一会儿，效果不是很好，只有边边角角上粘得不牢的在我的生拉硬拽之下掉了下来。初秋的天气，又因为昨天下了一场小雨，颇凉又有点儿寒意，我居然忙活得满头大汗。本想着放弃，去找物业阿姨讨点轻巧的活儿，经历了80里远足后的微酸的双脚却迈不开，它们在告诉我路那么长都走完了，没有什么事情是做不好的，没有什么任务是完不成的。我精神为之一振，继续拿起水瓶往小广告上喷水，但并不着急去铲除。等水半干了，再喷一次。一次又一次，经过不断地浸湿，有的小广告上的胶慢慢失去了黏力，用小铲刀轻轻一铲便掉了下来。去除了小广告，小区里的墙面焕然一新，让人心里也干净了很多。

一天的社会实践很短暂，却让我从中领悟到很多的道理，每个小区都有物业，物业管理处面积不是很大，却是营造小区里家家户户互帮互助、诚挚友爱的新型邻里关系的重要地方。它可以满足居民对设备、环境和居住房屋的日常服务需求，提高居民整体生活水平。

通过这一天的实践，我学到一些在学校里学不到的知识，因为环境的不同，接触的人与事不同，从中所学的知识自然就不一样了。我学会了从实践中学习，从学习中实践。

◎ 托老院志愿服务护理有感（李韩旭）

这次的职业体验活动我们去了友力托老院，体验了那里护工的工作。在妈妈的带领下，我换上了一身白色衣裤，围好围裙，开始了半天的职业体验，先是食堂的保洁体验：在偌大的餐厅里，我们各拿一把拖把开始拖地。在家里不怎么干活的我，干起活来十分不自在，好像大家都在盯着我看一样。后来在妈妈的指导下，我总算找到了些窍门，学会了正确的操作方法，也了解了其他的保洁工作。一个小时干下来，我的手已经发白了，但不能停下，体验仍在继续。接着是二楼的老人护理。

我们轻手轻脚地走进杨奶奶的卧室。98岁高龄的杨奶奶耳聪目明，腿有些不便，但也能正常起居生活。我们帮杨奶奶打扫了房间，换洗了衣物，接着又开始了她当天的康复训练，主要是为让杨奶奶活动筋骨。在陪奶奶聊天的过程中，奶奶感受到了浓浓的幸福，给了我们肯定，这或许是对护工最大的鼓励与支持吧！

半天的体验在欢笑声中结束了，我体验到了母亲生活、工作的辛劳，体验到了基层工作者的不易，也体会到了社会与校园的巨大差别，我对以后的职业也有了一定的打算：做能为老人服务的行业，做对社会有用的人。以后我要努力积累工作经验，这样才会给今后的人生道路奠定良好的基础，我会更加用心地参加这样的活动。

深入车间，体会工人苦乐

◎ 追求卓越，创业争先——深入衡水老白干包装车间体验有感（陈雅妹）

今天，来到衡水老白干包装车间进行职业体验，我第一次真正体会到了什么叫做"质量为本，品质为范"，什么叫做"精益求精"。

进入车间，机器声不绝于耳，这里的每一道工序都很重要，并且是相互关联的。如果一个人负责的部分出了错，就会影响到下一步。我在体验的时候也是小心翼翼的，生怕耽误工人们的进度。

母亲原来在包装车间工作，她告诉我每一瓶酒的完成都需要烦琐的程序：洗瓶、验瓶、灌装、敲瓶验酒、扣盖砸盖、烘干喷码、静置装箱，每一道工序都需要精益求精。我想正是因为工人们的认真负责，包装工作才如此有序。

说实话，我到车间也不知道干什么，因为害怕自己给工人们添麻烦，于是就站在旁边看着他们，心想，每一个岗位都是高尚的，都是值得被尊敬的。回想今天早上，我很早就到了门口，看到一辆辆班车陆续到达，心想工人们一定很辛苦，但是他们并未把辛苦写在脸上，而是把自己的热情投入到工作中去。

俗话说得好："三百六十行,行行出状元。"无论做什么,只要努力用心去做,再平凡的工作也能做得非同一般,出类拔萃,不断走向成功。

衡中的校训是追求卓越,衡水老白干也在追求卓越,他们努力打造中国白酒一流企业,坚持团结实干、创新争先。衡水老白干无疑是衡水的一张亮丽名片。

"老老实实做人、清清白白做事、干干净净做酒、红红火火创业"是衡水老白干的核心价值观,这一价值观被他们诠释得淋漓尽致。我父亲也在这里上班,他每天早上5点多就去上班,夜班晚上12点多才到家。这次的体验让我感受到父亲工作的辛苦。

追求卓越,创业争先,每一个岗位都有着不平凡的平凡,都应受到尊重。

◎ 参观羊绒生产车间有感(邱兰浩)

今天我去了爸爸工作的地方,观察了羊绒生产的具体过程。

去往工作地首先映入眼帘的是46个染色缸,染色过程十分复杂,不同的颜色在不同的缸内进行染色。其次看见的便是羊绒的制作。第一步,羊绒存库与出库(羊绒的数量极多);第二步,装缸加温染色(机器庞大,步骤繁多);第三步,甩干(用一个圆形可旋转的机器);最后一步,烘干装袋。

这些都只是出绒的步骤,距离成品还有不小的距离:羊绒纱进厂→原料检验→横机→片检→套口→手缝→缝检→灯检→缩毛→择毛→灯检→修检→整烫→订标→成品检验→抽验→包装→出库。

所有羊绒衫在经过以上16个步骤后才算是合格产品,这时才可以出库成为一件商品。每一件羊绒衫中都倾注了无数人的心血:牧民、拣绒工人、分装师傅、调色师、质检员、设计师,甚至提花师、绣花师……珍贵的"钻石纤维"经过复杂的工序,最终成为我们看见的一件一件羊绒织物。这些因素,都让羊绒弥足珍贵!

◎ 工厂一线体验(赵宇阳)

今天,我跟随父亲和叔叔去他们工作单位进行职业体验,感触良多。

走进机房,只听见一阵阵轰鸣声,原来是风扇在向各个机子送风,但机房仍然十分燥热。叔叔说："这里采用了集中送风，只在最需要的地方送风，这样可以做到节能减排。"叔叔又说，现今的风扇转化率并不高，最好的机子的转换率也只有50%，大量的电能都被浪费，而要想完成对资源的更高利用，还需要你们这一代有志青年的不懈努力与奋斗。机房内各个机器的安放和处理都有严格的规定，我了解了电线要三路分接，为预防没电，备有蓄电池、油与发电机，大大减小了断电概率。叔叔又给我们看了淘汰的机子，说技术在发展，许多机器已开始落伍，都换成光纤了。我不禁感叹技术集成的神奇，能把成千上万的网络集中在一个小小的机房。如今我们受制于人，更要自立自强，早晚要接受这样的磨炼。叔叔希望我们能把这些磨炼的时间大大缩短，让中国在世界上有更多的话语权。听完叔叔的话，我深有感触，我们只有让自己变得更加强大，才能不处处受制于人。

少年智则国智，少年富则国富；少年强则国强，少年独立则国独立；少年自由则国自由，少年进步则国进步；少年胜于欧洲，则国胜于欧洲；少年雄于地球，则国雄于地球。为了祖国的未来，加油！

◎ 参观钢厂有感（赵佑坤）

本次实践我前往了父亲工作的钢厂参观，因危险还需戴安全帽。以前觉得这里就是一个喷吐浓烟和污水的地方，从远处看天上的云都被染黑了，这次社会实践扭转了我的看法。

入目便是一排重卡，载着已为成品的钢材外出。进入车间，最大的感受就是热，外面正是阴天，里面却像三伏天一样酷热，工人的后背满是汗水。钢材由通红的铁水变为合格的产品需经历众多工序，各种机器轰鸣声夹杂在一起，说话声听起来都是模糊不清的。所有人不时抹汗，那呼呼的鼓风机好像失去了应有的作用，带来的是机器运转的产热和铁水的高温，似乎看得见热浪。看到这一幕，我不由得慨叹我们如今生活的幸福——我们尚未成年，未曾历经过这种磨砺，不知工作的辛苦。

临近中午，我从另一条通道离开。路上一排钢板，我差点儿掉在里面（有空隙比较大的），这就是水的运输通道了，满满的热气。听说这水会用于洗澡水的加热，也就是所谓的锅炉水。

历经此次实践，我深刻认识到了工人工作的不易——头顶热浪，不见凉风，在这样的环境中默默付出着，发挥着不可或缺的作用，无数个这样的岗位才成就了今天强大的中国。英雄无名，每一个发挥着自己作用的人都是我们心中的英雄。

◎ 走进羊绒生产车间（倪秋筱）

这个寒假，我在河北彗兴羊绒集团有限公司进行了职业体验。

羊绒生产流程总体归纳为把分梳好的无毛绒按照订单要求进行染色→脱水→烘干→和绒。

第一步，和绒流程：根据工艺要求，对组成混料进行加工，将加工好的纤维按配毛比例均匀地混合，此过程中须加入适当比例的和毛油。

第二步，梳绒流程：用梳毛机把第一步和绒和过的混料加工成粗纱。

第三步，细纱流程：用细纱机把第二步梳绒过程中梳成的粗纱进行牵伸、加捻后形成细纱并卷绕成一定形状的纱穗。

第四步，筒并捻流程：用络筒机把细纱换管绕筒，同时去除偏细或偏粗的纱条，用并线机把单纱进行并线、合股，用倍捻机给股纱加捻，并卷绕成纱线。

纯羊绒制品自15世纪由印度克什米尔地区开始走向世界以来，一直如一位蒙着面纱的神秘公主，只有少数人有机会"一睹芳容"。19世纪清河成为最大的羊绒集散地，有着"世界羊绒看中国，中国羊绒看清河"的美誉。21世纪形成了清河羊绒制品市场，这位"神秘公主"揭去面纱，开始带着亲切、和蔼的笑容走向平民百姓，也将清河羊绒市场的体贴和关爱带到千家万户。

清河羊绒制品市场绚丽花色和高雅款式就是世界流行趋势的缩影，消费者在这里买到的不只是高质量的温暖，更是高层次的时尚。量身定做业务在市场的普遍开展，为消费者提供了更多贴心贴身的选择。

走进农田，感受农民艰辛

◎ 走进农田，我们一起尊重劳作（郑佳佳）

这次十一假期我回到了乡下老家，正值玉米成熟，家里人忙不过来，我就帮忙去掰玉米。一开始我觉得这不算什么生活体验，没准还能借机放松一下，但是后来我才认识到，这确实是一次名副其实的职业体验。

十一当天凌晨4点多姥姥便把我唤起来。天空黑蒙蒙一片，犹如深渊一般，仿佛回到盘古开天辟地之前。我刚走出院门，就好似被无尽的沉默与黑暗扼住了喉咙。凌晨很冷，冷得好像已经跨越了秋天可以承载的极限，微微的风刺骨，寒彻心扉。我向姥姥抱怨着又冷又饿，姥姥却淡淡一笑安慰道："闺女，咱家收棒子年年这个点走，你妈小的时候还更早呢。"我只好收起不成熟的怨言，默默紧了紧单薄的外套。对我而言，接受是劳动的第一步。

收玉米远没有想象的轻松，虽然以前也掰过棒子，但是手也早就生了，刚开始特别不适应。光是走在层层玉米之间，叶子肆无忌惮剐着我的脸和手就够烦的，我能做的也只是一边埋怨自己个子这么矮一边艰难地行进。好不容易掰了有四五十个了，却发现连头都没走到，整个人好像沦陷在玉米地里，走也不是回也不是，能做的就是一直掰一直掰，好像真的体会到了什么叫没有尽头的绝望。适应，是劳动的第二步。

在这次体验之前，我一直认为现代农作机器特别发达，甚至不理解为什么还要费那么大的劲儿亲自去农耕。然而，今天我仅仅经历了农耕中微不足道的一个步骤——收获后，这才了解到，其实现代农业的发展远远不够，我们仍然在朝着大农业的方向去努力。农人们细心且坚定地种植，只是为了我们能够享受到最真实、最健康的作物，传承中华民族最质朴、最本真的技能。存在即合理，每一个职业都值得我们去了解、去尊敬甚至去尝试，一开始的偏见、抱怨只是源于我们的不理解，敞开心扉踏入一些我们未知的领域不一定是疯狂。对于在这个领域中的人，他们早就已经习惯了这种生活，也许为现实所迫，也许是真正地热爱，都值得为人所崇敬。真正的理解，是第三步，也是最重要的一步。

我们的生活，正是因为有了这些劳动者而丰富多彩，尽管我们离他们很遥远，可我们的尊敬和感谢应该永存心中。

◎ 采摘活动其乐无穷（沈妍）

风儿吹，鸟儿叫，花儿笑，狗儿跳……在这个阳光明媚的10月，我和奶奶来到美丽的乡村采摘。

车还没停稳，远远就看见路边清新可爱的野菜，在微微的风中散发着诱人的香味。我十分激动，到处乱跑，左拔拔、右摘摘，东掐掐、西拧拧……只听奶奶在后面喊："小家伙，小家伙，瓜可不能连根拔起呀！得让它们春风吹又生呀！"我唱着欢快的歌，带着野菜的香气，一路招猫逗狗，终于来到种植基地。

一行行的田埂旁，茂密的绿叶透过阳光的照射，露出了豆角可爱的笑脸。我兴奋地对奶奶说："今天就让我自己去摘草莓，您就在这儿喝老荫茶，等着我胜利的消息吧！"奶奶怕我经验不足，执意要跟我一起。

我看见豆角就想揪下来，奶奶呵斥了一声，让我不要一个一个揪，而要一把攥住所有豆角，再使劲儿向旁边一拉，豆角就自然而然地下来了。

这次采摘活动让我明白了一个道理：做任何事都有学问，如果不掌握技巧就很可能搞砸。生活就是一个大课堂，只要用心实践，就会得到真知！

我爱这美丽的乡村！这里的山是那样绿，这里的水是那样清，这里的天是那样蓝，这里的花是那样艳，这里的果实是那样鲜，这里的人民是那样勤劳，这里的人民是那样好客……让人不得不爱！

餐饮服务，体味生活苦累

◎ 卖羊汤（张志岭）

三百六十行，行行出状元。作为新时代的青年，我们更应该树立正确的就业观，平等地对待每个职业，不能觉得这个累、那个脏我就不爱干。我们应该做到干一行爱一行，并且在自己的职业范围内成为佼佼者。

今天我去了妈妈卖羊汤的地方，其实并不是很累，却真的很杂，一个个的订单会让你感到无从下手，遇到刁难的顾客也会让你头皮发麻，这使我明白没有一个职业是轻松的。对于我们来说，学习就是我们的职业，我们应该做好自己的本职工作，每天努力地学习。其实我们学习的初衷是提升自己，而不是带有明确的目的性。人在一生中要不断地学习，正所谓活到老学到老。

这次体验我收获颇丰，更体会到获得知识提升自己的重要性，我会在未来的学习生活中勤勤恳恳地做好每一件事。

◎ 做餐馆服务员有感（孙宇权）

国庆期间，我参加了社会实践活动，收获很大。

我的职业体验是餐馆服务员，这项工作并不像我想象的那么容易。以前觉得做服务员没什么难的，就是端端盘子、洗洗碗，现在实践起来还真是不怎么容易。作为服务员，最困难的就是和客人相处，碰到脾气好的还没什么，要碰到那些无理取闹的客人还真难办了，就像是秀才遇见兵，有理也说不清，那时候就只好遵从"客人就是上帝"的真理了。

通过这次社会实践，我认识到，在生活中汲取周围人的经验和阅历、掌握些社会礼仪的技巧是极为必要的。同时，我也意识到了自身存在的问题：第一，人际交往能力还欠缺，还应在日后的日常生活、交际中加强学习；第二，缺乏社会经验，在为人处世方面还不成熟，处理事情的态度和方法有时不得当，在以后的学习生活中要注意加强在这方面的锻炼。

利用假期参加这次有意义的社会实践活动，接触社会，了解社会，从社会实践中检验自我，我收获非常多。

1.要善于与人沟通。只有通过沟通、交流，才能真正了解某件事情、某个人，这样在做事时才会达到事半功倍的效果；别人给你的意见更要听取，耐心、虚心地接受。

2.在社会实践及以后的工作中要有自信。在工作中通过努力才能让别人对你的能力做出肯定。

3.要克服胆怯的心态。困难还是挺多的，缺乏社会经验等原因往往也会使自己觉得很渺小，懦弱就这样表露出来。所以，应该尝试着克服内心的恐惧，战胜自我。只有征服自己才能征服世界，有勇气面对才是关键。

4.在工作中要不断地丰富知识。作为一个员工，不论是在职业生涯的哪个阶段，学习的脚步都不能停歇。如果你热爱自己的工作，随时都可以发现值得学习的东西，那是最有用的、最适合你职业的学习内容。人才其实是一个动态的概念，它不是一成不变的，不是永恒的，它需要不断地晋级，不断地发展。只有学习力不断地加强、不断地提高，才能保证人才的新鲜，这样的人才才是信息时代的人才，才是真正意义上的人才。

◎ 今天我做快餐店服务员（张城瑞）

作为一名21世纪的高中生，怎么能只在学校埋头苦读呢，应当做到实践与读书兼得。抱着这个理念，我去一家快餐店进行了社会实践。

工作人员给我分配的任务是给顾客开门、关门，倒水给顾客喝。我心想，真轻松！这么简单的工作，真是小菜一碟！一开始我站在门口还不感到怎么样，后来才站了三十几分钟脚就感到非常吃力，就想放弃了，又一想，既然来了就要坚持到底。店里的工作人员很热情，也很热爱工作，看到她们我还是坚持到底，圆满结束了一天的假期职业体验。

一天的社会实践结束了，在这短短的时间里，我学到了很多在学校课堂上和书本上学不到的实用的技术知识，扩大了自己的知识面，对社会的认识也更加深刻，培养了自己与人沟通的能力、与顾客交流的能力，掌握了一些技巧，也锻炼了自己，提高了学习与适应陌生环境的能力，培养了自己的独立能力。

初涉通信，保障"耳"聪"目"明

◎ 中国联通实践活动感悟（周广昭）

你听说过"跳纤"吗？你知道电话是怎么拨出去的吗？你见过网络拓扑图

吗？

实际上，在联通公司中，工作人员天天在和这些东西打交道。在这次体验中，我学到了很多有关通信的知识，增长了见识。

当我们拨打电话后，声信号先转化为电信号并发送到附近的基站，再通过基站转化为光信号，通过光纤传送至接电话人附近的基站，此时光信号再度转化为电信号，发送到接电话人的手机上，最后再转化成声信号实现通话。这就是光纤通信。

在体验时，我们还了解到光纤在铺设过程中，重要的点要连成环状。这样做的优点是，如果中间有一段光纤断了或是出了故障，可以从环的另一个方向传输信号，以保证不因故障造成大面积断网现象。

经过这次职业体验，我充分认识到了联通公司工作人员的辛苦。我要努力学习知识，将来做一个对社会有用的人。

◎ 参观联通公司有感（李昌星）

今天，我参观了中国联通公司并进行了职业体验，感触颇深。

我们首先参观了机房，那是一个巨大的房间，里面陈列着一排排巨大的机器，不断地发出轰鸣声，散热口呼呼地吹着热气，我立刻被这番情景震撼到了。工作人员讲解说这里是衡水信息传输的中枢，我更加对这些机器肃然起敬。

随着科技的发展，衡水的信息传输基本实现了由电缆到光纤的更新。工作人员交给我一个任务：将一团混乱的光纤整理清楚。起初我还认为很简单，等到开始操作才发现比我想象的难。费了九牛二虎之力，我才完成任务。

随后，我们来到了办公室，显示屏上呈现出一张巨大的网状图，描述着各基站之间的联系与等级差异。这张图，我光看就感觉头疼，这里的工作人员却要天天面对无数这样的图片，进行实时监测，这实在不是一项轻松的工作。

我不由得想，世上哪有什么不付出努力就能做好的事呢。我之前总认为"坐办公室"是一项轻松的工作，但事实并非如此，我们的学习也是这样，只有付出足够的努力，才能得到足够的回报。就连成年人都在奋力工作着，那我作为一个青年人，为了自己的理想又有什么理由不去奋斗呢？

这次实践活动坚定了我学习的信念，使我受益匪浅。

体验个体经营，学会热情服务

◎ 体验售货员有感（酒佳艺）

曾经做过一道思政选择题，题干的大意是，小朋友的奶奶指着环卫工人教育小朋友说，"你不好好学习以后就像他一样"。正确选项是：题目中的家长没有意识到每个岗位的劳动者都是社会主义的建设者。由此，我认识到职业并没有高低贵贱之分。在第三产业高速发展的今天，售货员也是刚需，因此我决定去体验该职业。

为了更好地了解这个职业，我提前一天向老板要来了货物的价位表和销售量。时间有限，我记住了热销产品的价格，以便更好地进入第二天的工作角色。在不打扰经营的前提下，我充当了收银员外加理货员的角色，一天下来，感悟有三。

第一，永远不要心存侥幸。

在职业体验过程中，我常常被问到商品的价格，也遇到了因为只是记住了有些热门商品的价格而答不上来冷门商品的价格而匆忙跑去看价签的尴尬。不要心存侥幸，不要选择性地对一些知识闭上眼睛，每一个知识点都很重要。在学习上也应当是"我所到，我所见，我征服"。

第二，保持热情。

我相信，没有哪一个行业或领域会是一帆风顺的，虽然那些小波折不会影响人生的进程，但是它确实会影响我们某一个阶段的进度。也许你满怀激情地推荐却碰了一鼻子灰，也许你拼命销售业绩却不如意，但是请保持热情，回报会迟到，但是不会缺席。

第三，提升自身素质。

这里的素质并不是单指文明礼仪，更多的是指一个人通过不断学习得到的积淀。专业知识也好，广泛涉猎也罢，那些闲笔终究会在未来的某一刻派上用场。百忙之中，下一步闲棋，是很有必要的。

◎ 售卖轴承，感受爸爸的工作（王舒艺）

今天我来到了爸爸的工作岗位，爸爸经营轴承，我亲身体验了爸爸的日常工作，有比较简单的，也有复杂一点儿的。

最简单的是给轴承装盒，爸爸给我示范了一下。一开始我不太熟练，装得也比较慢，后来工作开始得心应手，装得越来越快，也收获了一些经验。把轴承摆到相应的位置，这个就比较考验记忆力了。轴承分好多种类，要把每个轴承的位置、型号都记住可不是一件容易的事情。我按照差不多的包装盒找到了正确的位置，其中也不免有小失误，我也体会到了这项工作的不容易与烦琐。我又录了账，也就是把卖出去的轴承和新进的轴承数量录到电脑里，方便保存，等到有人买的时候也方便查询剩余量，在快断货的时候也可以及时补货、调货。最后我又写了账本，账本的学问和注意的点也有很多，要写清日期、型号、数量、总额……

在这次职业体验活动中，我感悟到了很多，也考验了我的耐力和坚持度，增长了许多社会经验，能力也有所提升，在工作的失误中我也看到了自己的不足，日后一定加以改正。

作为一名中学生、青少年，我应该有坚定的信念，在各种社会考验中坚持自我，磨炼自己的意志，提高自己的能力。通过这次职业体验，我对自己的未来有了规划并决心尽心做好眼前的事情，相信我们都有光明的未来。

◎ 门市"小老板"体验（孙小桐）

社会很残酷，也很现实，这是体验妈妈的职业给我的最深刻的体会。

妈妈开门市，看到她每天忙里忙外，我决定体验一下她的职业。由于上学的原因，我不经常在家，对商品的价格知之甚少，所以还要接受妈妈的培训。培训后，对商品的价格已有所了解，但是通过实践我发现自己说话和接待顾客方面的能力还有所欠缺——同样是卖东西，妈妈在时销售量就高，而只有我时就要差很多。据此，我总结出以下几点原因。

第一，服务态度至关重要。作为服务行业，顾客就是上帝。良好的服务态度是必需的，要想获得更多的利润就必须提高销量，而销量是由顾客量决定的。要吸引顾客，就要求我们想顾客之所想、急顾客之所急，提高服务质量，语言要礼貌文明，待客要热情周到，要尽可能满足顾客的要求。

第二，创新注入新活力。创新是个比较流行的词语，经商同样需要创新。要根据不同层次的消费者提供不同的商品。今年过年，店里推出了较高档的商品，这是去年所没有的。现在大家的生活水平提高了，消费水平也随之提高，所以今年准备的年货档次高些，不再停留在以前了，思想要跟上时代。

第三，诚信是成功的根本。诚信对于经商者来说无疑是生存的根本，如果没有诚信，倒闭是迟早的。诚信，我的理解就是对人要诚实，真诚才能有好的信誉。我父亲就是这样一个人，他为人稳重、待人真诚、办事周到，所以他的人缘很好，我认为这是开店成功最重要的一点。

这次的社会实践虽然比以前辛苦，却让我受益匪浅。一方面不但锻炼了胆量，增长了见识，而且训练了口才。最重要的是，让我学到了许多做人做事的道理，同时提高了自己的实践能力。另一方面，它也使我更清楚地认识到自己的不足和缺点，所以我要在今后的学习和生活中严格要求自己，努力提高自身的素质，从而在将来回报父母以及回报一切关心我的人。

◎ 在文具店做店员的一天（付敬茜）

从小我就喜欢各种各样的文具，有时间就到文具店转一圈，看看出了什么新品。我曾经怂恿妈妈开文具店，未能如愿。今年国庆放假，我来到问津街晨博文具店当了一天店员，体会到了其中的酸甜苦辣。

早上7点文具店就开门营业了。我先是整理乱放的本、笔等，熟悉各种文具的摆放位置。顾客上门的时候我就详细介绍那些他们想要买的东西，并扫描商品码收款，并且在他们走的时候说"谢谢光临"。这项工作挺辛苦的，要一直站着，只有吃午饭和晚饭的时候才可以休息，偶尔人少的时候可以偷会儿懒。一整天站下来，我感觉脚都不是自己的了，这时候我想到父母赚钱真的好辛苦，我应该在平时节约一点儿，一些不必要的东西就不要买了。来店里的人形形色色，有大人也有小孩。有人是来买学习用品的，也有人是来买一些我认为没用的东西，这使我不由得想起了当年的自己，老是向爸妈拿钱买一些好玩新颖但没有什么用的东西，现在我了解了他们赚钱的辛苦，知道每笔钱都是来之不易的，不应该浪费。我又想到，妈妈不但得上班，还得给我准备一日三餐，为了让我吃好，妈妈还变着花样做我喜欢吃的饭菜，而且为了不浪费我的时间，我一回家饭菜温度刚刚好，其中多少辛苦一言难尽，但她从来不跟我抱怨，日复一日，乐此不疲。爸爸经常出差，时间紧、任务重，但他总是千方百计抽出时间给我买来各地的特产。如果不出差在北京上班的话，铁定给我带稻香村糕点。我的成长，他们付出了太多。爸爸还说，到北京上班离家远，工作紧张，就是为了增长见识后可以讲给我听，不愿让我信息封闭视野狭窄……越想越多，爸爸妈妈对我的爱，之前我从来没有领悟这么深，我曾一度以为爸爸从小对我陪伴少、妈妈太唠叨。

在文具店当店员的一天，我的心灵得到彻底洗涤，我以后一定好好学习，学好本领好好孝敬父母、报效祖国，做一名对社会有用的人。

◎ 小小网店学问大（郭雨萌）

我的妈妈是开网店的，每天的工作除了照顾弟弟、做家务，基本都是回复买家的问题还有包装商品。哪怕开车出去玩一会儿，听到叮咚的手机提示音，妈妈也会立刻停下车回复。有时候觉得真的很烦人，和家人玩得正高兴突然听到提示音就要停下来等妈妈回复完再继续。我问妈妈，我们在淘宝买东西的时候客服也不会立刻回复，为什么您要立刻回复呢？妈妈说，买东西都是选了又选才去交谈，买家交谈是想要买这个东西。一是同样的宝贝淘宝很多，我们回复慢了，客户会看其他家宝贝，我们有可能错过这个客户；二是服务，开网店最重要的是服务第一，无论客户问怎样的问题、说出的话怎么不好听也要有耐心、客气地回答，让客户有客户就是上帝的感觉，心里暖暖的，这样就会增加成交的概率。妈妈还告诉我，和客户交谈也是一门学问，要懂得揣摩客户的心思，要抓住客户想要的才能成交。比如，客户问质量的话，那就要把这个宝贝的功能具体说出来，售后问题也要和客户说清楚，让客户没有后顾之忧。如果客户一直说价格的问题就要和客户说宝贝价格高的原因，宝贝的质量和价格低的区别在哪里，还可以后台给那些加购并没有下单的客户优惠券，给收藏宝贝的优惠券，在节假日做活动的时候给加购收藏的客户发信息或优惠券促成成交，等等。

三百六十行，行行出状元，原来开一个网店还有这么多的学问！妈妈学历不高，但是很努力地经营着她的店铺：有客户退货回来包装不好的妈妈还要在二手平台出售；妈妈进货也是要看哪个卖得快哪个卖得慢、哪个库存多就要快速做活动促销、哪个网上正火可以销售发一笔小财……妈妈每天都很忙碌却又很充实。

淘宝每天的订单都要按时发出，妈妈是非常认真而且守信的，当天下午3点前订单都要加班发出去。妈妈说客户买了就想快点收到，自己辛苦点儿没有什么，看到客户的好评、暖暖的话心里就高兴得不得了，觉得一切的辛苦都是值得的。我每次放假看着妈妈忙碌的身影都要帮妈妈包装、发货，既是体验，也是为妈妈分担辛苦。一开始我以为包装就是货物外面套个箱子就可以了，妈妈纠正我，说我们做的是吹风机、卷发棒、小家电之类的，有的进货时机子就没有包装好，导致机子运输过程中造成二次磨损，所以要打开看看或者用泡沫重新包装一下，打包的时候也要用合适的箱子，既不能太挤（包装盒容易磨损），也不能太大（运输时会挤压），所以我们买的都是纸板。纸板太薄运输容易坏，太厚不容易包装，而且成本太高，妈妈就从高速服务区买回方便面纸板，按机子大小折成纸箱，包装好发货。

这就是一个淘宝店主的体验，无论哪行都要兢兢业业去努力才能做好。我们学习也一样，只有坚持努力是不够的，还要找方法挤时间去补习薄弱科目，争取各科都能进步！

担当公务人员，服务人民

◎ 审计体验业务性强（赵雪妍）

家是温馨的港湾，父母是我们坚强的支柱，职业体验让我们更加了解父母的辛苦，从而更能理解父母，同时可以让我们提前了解不同的职业，以便日后更好地选择适合自己的工作。

妈妈是一名普普通通的审计工作者，由于职业的特殊性经常出差。以前我不理解妈妈工作的艰辛，通过这次实践活动，我了解了什么是审计、审计是干什么的。下面我总结一下。

审计是由国家授权或接受委托的专职机构和人员，依照国家法规、审计准则和会计理论，运用专门的方法，对被审计单位的财政、财务收支、经营管理活动及其相关资料的真实性、正确性、合规性、合法性、效益性进行审查和监督，评价经济责任，鉴证经济业务，用以维护财经法纪、改善经营管理、提高经济效益的一项独立性的经济监督活动。

审计工作是一项业务性极强的工作，合格的审计人员需要熟练掌握各种专业知识，同时还应具备综合分析、判断的能力。随着社会的进步和经济的发展，审计工作所涉及的内容也在不断地变化，这就促使审计人员必须不断学习新知识，刻苦钻研新形势下的审计业务，才能在审计工作中发现新问题、处理新问题，适应新形势下的审计工作。所以，妈妈每年都要参加培训，提高专业知识水平，从而更好地完成审计工作。"坚持原则、依法审计、实事求是、客观公正"是审计的宗旨，违反了这一宗旨，审计机关会失去社会公信度，审计工作者也会在人民群众中失去信任。坚持原则是要下很大决心的，要排除亲朋好友、同学同事以及社会各方的干扰。作为一个合格的审计人员，一定要坚持原则，依法审计。当然，坚持原则要有策略，使提出的审计问题能得到真正的解决。社会需要公平正义，审计人员在审计过程中，应当敢说真话、敢说实话、敢于披露问题。俗话说"打铁还需自身硬"，作为一名合格的审计人员，自身清廉、大公无私，审计时才能坚持原则，才敢说真话，才能揭露被审计单位存在的问题。

审计局是政府行政体系内部监督的重要机构，是党和国家监督体系的重要组成部分。如今处于新时代，在全面从严治党和深化改革形势下，审计机关更应严格执行，维护财经法纪。

通过这次实践活动，我最大的收获是认识到无论哪种职业都不轻松，都需要耐心，以及遵守规章秩序，才能真正把工作做好，为祖国贡献自己的力量！

◎ 求真务实，科学严谨——统计局工作体验有感（李佳淳）

今天我来到了妈妈的工作单位——饶阳县政府统计局。纪德有言，我为美好的事物消耗着自己的感情，它们的光辉来自于我不断地燃烧，但这是一种美妙的消耗。选择一种职业必定有他的理由，是热爱、是生活，但我更希望所选职业是你内心所热爱，并能从中有所收获的。

这次职业体验，主要是为了走出校园，提高综合能力；在工作中，开阔眼界，增长见识，了解校园外的一些知识，接触不同的人和事，提高交际能力。同时，也是为以后步入社会积累经验，提前做好准备，以便毕业后可以更好地适应这个社会。

我去饶阳县政府统计局体验了一天生活，主要负责人口普查摸底工作。我首先了解了人口普查的相关知识。国务院印发《关于开展第七次全国人口普查的通知》，根据《中华人民共和国统计法》和《全国人口普查条例》的规定，国务院决定2020年开展第七次全国人口普查，普查对象是普查标准时点在中华人民共和国境内的自然人，以及在中华人民共和国境外但未定居的中国公民，不包括在中华人民共和国境内短期停留的境外人，普查内容包括姓名、性别、年龄、民族、行业、执业、迁移流动、婚姻、生育、死亡、住房情况等，普查标准时点是2020年11月1日0时。复查都采取经过严格培训的普查人员，逐户逐人直接询问调查的方法，但是数学中有抽样调查、典型调查、重点调查，普查与这些并不相同。

目前该局正在进行摸底工作，当前工作的主要内容是通过预约让大家填写摸底表。这项工作有规范、有秩序、点全人、查准项、保进度。人口普查是重大的国情国力调查，涉及每一个人、每一个家庭以及社会的各方面，社会关注度很高。这次工作分3个阶段，一是准备阶段，二是普查登记阶段，三是数据汇总和发布阶段。这次普查不光要查人，还要查房，以便更好地完善相关指标，反映当前人口的居住状况，但此次普查的调查结果不会被泄露，属于国家机密。

这次人口普查在信息技术上也有所突破。以前听妈妈说，人口普查10年一次，上次普查因为没有信息技术的依托所以十分艰辛。国家为获取更为翔实的信息，尽可能提高普查的数据质量，减轻基层普查人员的负担，这次普查将采取电子化方式开展登记，探索使用智能手机采集数据，广泛应用部门行政记录推进大数据的作用，提高普查数据采集处理效能，让我国的科技发展为一切保驾护航。

通过这次体验，我体会到了人口普查工作环环相扣，十分严谨；我体会到了政府求真务实的工作作风和为人民服务的态度，以及从群众中来到群众中去的工作方法；我体会到了政府为人民服务的宗旨，对人民负责的原则；我体会到了身为国家公职人员的责任感和奉献感。同时，我也增加了知识，了解了人口普查的相关知识，丰富了视野，体会到了行业的艰辛和不易，内心为这项工作感到震撼。

◎ 税务工作初体验（程雨菲）

今天，我怀着激动的心情，到桃城区税务局办税厅进行职业体验。

在整洁明亮的办税大厅里，"为国聚财，为民收税"8个大字彰显了税务局维护国家经济利益和鞭策公民履行义务的重要地位和风范。作为一名学生，我对于专业性的业务问题完全摸不着头脑，只能负责询问纳税人要办理的业务和取号，多少也实际操作并体验了办税厅有关咨询和网络自助办税的工作，真的很感谢学校给我这次机会，让我收获颇丰：一是体验工作学会了待人接物，二是培养了人际交往能力。我学会了取票，学会了自助发票机的使用，我也收获了税务厅全体人员的友情和主任的肯定，这就是成功。

成长是一首用汗、用泪、用血谱写的交响乐，职业体验只是这首交响乐中小小的音符。趁青春年少，我要不断尝试、不断努力、不断突破。这一路还很长很长，我要不怕困难，迎难而上。我一直相信，心向朝阳，青春不败！

尝试文教医疗，体谅他人

◎ 教师职业体验感受（郭时禹）

十一假期期间，学校举办"体验父母职业"的社会实践活动。我的妈妈是一个老师，于是我就选择了去体验一个高大上又有意义的职业——教师。

恰好，我妈妈的学校国庆节不放假，我跟妈妈商量好，10月2日下午，我去她上课的班级体验当老师。2日上午，妈妈让我备课，说让我讲"认识计算机"这一节。在妈妈的指导下，我又要看书，又要在电脑上练习所要讲的内容，怀着期待又恐慌的心理，等待下午的到来。下午2点20分到达多媒体机房，学生们都到齐了。我走上讲台，妈妈向学生们介绍了我，我心脏"扑通扑通"跳着，看向同学们。他们可都是学生，他们会笑话我吗？同学们见到我很是新奇，看到我穿着衡中的校服很崇拜，有几个同学竟然鼓掌欢迎我。

虽然已经充分备课，但上起课来还是有难度的，电脑操作的内容，自己必须先练熟才能给学生讲。给学生讲，得让他们听得懂，还要教会他们在电脑上操作。当电脑老师当然不能只在讲台上讲，还得去学生的电脑旁辅导那些做得不好的学生。两节课下来，讲得口干舌燥，但是能够得到学生的喜爱和认可，我很高兴。

这个实践活动十分有意义，它让我明白做一个老师的辛勤付出，同时又让我感受到了当一个教师的幸福。尽管很累，但我还是希望能成为一个教师，因为累的同时我体会到了帮助学生学会知识的幸福！

◎ 登上讲台感受教师不易（郑皓元）

这次实践活动，我体验了当老师的感觉。

因为是假期，我没有办法当面给学生讲课，所以体验了一下批作业的感觉。

母亲是一名小学教师，于是我便借着这个便利的条件批了一下小学生的作业。

对他们稚嫩的字迹，我一时情绪复杂，不仅想起了自己的小学生活，拿起笔打上对号的那一瞬间，体验到了做老师的神圣感。一瞬间，我仿佛看到了孩子们看到对号的笑脸、看到叉号时的心情，看到他们可爱的样子。我想老师真的是一份神圣的职业，他在孩子最稚嫩的时候告诉他们世界的样子，让他们成长得更为苗壮、更为健康、更为快乐！

◎ 小学英语老师体验感悟（郭昕萌）

这次职业体验令我感受颇多，一方面，我深感知识学问浩如烟海；另一方面，我也深深地体会到教学相长的深刻内涵。

我的职业体验是当一名小学英语老师。作为英语老师不仅要理解语法和背熟单词、整理知识点，还要给学生们解释清楚，将知识详细、简单地传授于学生，让他们透彻理解。

在体验之前，我觉得当老师不过就是上课讲讲课、课前备备课、课后辅导一下学生，很容易，但经历一天的体验后，我完全改变了之前的看法——教师其实没有那么容易，在备课过程中、在课上甚至课后都会遇到各种问题，并且得想尽办法去应对。

另外，作为教师应当学会调整心态，在与学生打交道的过程中，用一种平和的心态去欣赏他们，不断寻找他们身上的优点。学生犯错时，冷静旁观，委婉地、不露痕迹地帮助他们，去照亮他们的心灵，用大爱的胸怀收容每一朵浪花，不论其清浊。要知道手指有长短、人才有良莠，对待这些外在的因素，我们不是去抱怨、去愤怒，而是要以良好的心态来处理问题。

在实习学校有关领导和指导老师的悉心指导下，我时刻牢记"为人师表，严谨治学"的校训，充分发挥主观能动性，把在课堂上所学的理论知识和实际教学相结合，在实践中学，在学中实践，认真开展教学工作，认认真真、踏踏实实、勤勤恳恳、任劳任怨。我付出了很多，但也收获了很多。

◎ 回到母校做老师（闫琪放）

老师对于我们来说再熟悉不过，从我们上幼儿园到我们长大成人，这一路上离不开老师的教导与引领，然而成为一名优秀的老师并不是件容易的事情。

成为一名优秀的老师需要具备哪些品质呢？成为老师后要用什么方法将知识教授给学生呢？怎样做到既批评教育学生又不伤害学生的心灵呢？如何……诸多问题摆在我的面前，由此可见，成为一名优秀的老师是多么不容易。

国庆节期间，我来到母校进行职业体验、调查。我找到了曾经的班主任宋老师，询问她教学这么多年的经验是什么，她回答说："首先要热爱工作、关爱学生，如果连工作都不热爱，那么对待学生的态度也就只有厌倦了，这样工作的效率就会很低，也会感到很煎熬。所谓的关爱学生，要做到'平等'，不仅关爱好学生，更要呵护与关心成绩不好的学生，避免在学生中种下不平等的种子。作为老师，要善于发现学生的闪光点而不是缺点，要善于发现他们的进步，给予他们肯定与鼓励，让他们信任老师，把老师当成朋友。""老师，您讲得一直都是那么好，您是怎么做到的呢？"我追问道。她微微一笑，说道："肚子中有知识是必需的，但是在教给孩子们的时候我们要讲究方法，一股脑儿地灌进去是绝对不行的，需要打开同学们的创新思维，尽量引领学生自己发现问题、解决问题，而不是直接将结论灌输给学生。若一味机械地传授，那么天才也将被抹杀成为普通人了。"她的这番话让我受益匪浅。

我将此次教师职业体验、调查进行了总结，发现成为一名好老师需要具备以下几点：有良好的心态，热爱工作，知识渊博，善于创新。

◎ 走进高校当老师（袁子惠）

为响应学校培养我们全面发展的号召，加深对社会的了解，促进我们身心的健康成长，在这个难得的双节假期，我来到妈妈的工作单位，体验了她平时的辛苦工作。

妈妈是一位高等院校教师，目前负责学生管理和校园安全工作。双节期间她的学校不放假，校园实行封闭式管理。在我放假的这几天，她没有时间照顾我，每天早出晚归，甚至晚上10点多回到家嘴里还念叨着学生的事情：什么没有办，什么还担心。回家后电话也不断，不是在沟通学生问题，就是在讨论工作如何进一步开展。为此，她经常连饭都顾不上吃。

还记得衡中远足结束后的那天晚上，由于妈妈工作忙到家都8点多了，我们全家在饭店正享受着热气腾腾的饭菜，这时，一个电话打断了我们。由于第二天是中秋、国庆双节，一早妈妈单位不但要准备升旗纪念活动，还要为学生准备月饼、水果和贺卡，而贺卡是为增强学生的温馨感受临时准备的。为此妈妈胡乱吃了几口，就开始了忙碌的贺卡制作、温馨寄语审订、贺卡印制等沟通协调和布置工作，一直忙到晚上12点多才休息。

10月3日，我又来到妈妈的单位，通过观察体验她的工作，有了更深的感受。首先是工作的繁杂和辛苦。虽然时间只有短短一个上午，可她处理了六七件事情，每一件都要有了解、有安排并做好要求，远比我们坐在教室里单纯学习难很多。其次是沟通的必要和技术。我发现在工作中会遇到形形色色的人，如何进行沟通交流、以何种态度措辞都是需要考虑在内的，良好的沟通交流也是保证工作效率的重要环节。

我只能在不影响妈妈工作的前提下观察工作过程，但是观察同样让我受益匪浅，他们的敬业精神启迪我的成长。她与同事的工作交流，使我对平时接触不到的领域有了基本的了解。

妈妈曾经跟我说过，在学校里学生是天、安全是天，她都得顶着。在如此大的压力状态下，每当我给妈妈打电话，她都会关心地询问我的近况，告诫我踏实学习，丝毫不提自己没有吃饭、没有休息、多苦多累的现状。回想自己，我们在这么优越的条件下单纯地学习，有什么是干不成的呢？

我深刻感受到了各行各业工作的辛苦，或许我们平时只是看到了他人取得的辉煌成绩，却不了解他们付出的艰辛。感谢这次社会实践，既丰满了我的心智成长，更让我感受到了父母平时工作的辛苦。我想起了那句话：哪有什么岁月静好，只不过是有人在替你负重前行。辛苦了，爸爸妈妈；辛苦了，我的老师们；辛苦了，每个为我们奉献着的人！

◎ 做家教有感（刘欣怡）

作为一名高中生，我觉得我们就应在课余时间多参加一些社会活动，这样才能够增进我们对这个社会的认知，更多地了解这个社会，所以我在本次假期做了一份家教的工作。

我辅导的学生基础比较差，对一些单词、短语都很陌生，所以我督促他多背诵重点单词和短语，又布置背诵一篇英语课文。课文的背诵十分有效，因为文章中就包含很多常用的重要的单词、短语，这些词语放在文章中有一定的语境，能让学生更好、更快地理解知识点。在与学生交谈的过程中，我发现对于学好英语他有些没自信，这时我就以一个朋友的身份鼓励他，并给他讲了很多自己和别人的故事。他明显对我的话产生了兴趣，慢慢地找回了信心。我发现，上课的时候他会走神，我开始从自己身上找原因，也让他给我提出一些建议，因为我也要找到适合他的教学方法，和他一起学习。我努力让自己说的话越来越幽默，这样才能吸引他的注意力，让他感觉这个老师并不是那么死板。在课间休息的时候，我和他聊天，也明白了他的喜好，我就从这方面入手，让他用英语和我交谈，说说自己喜欢的事情。这个方法很有效，不仅让他敢于说出来，还锻炼了他的口语能力。

家教工作对于我这样一个学生来说是个不小的挑战，但也教会了我很多。假期结束，我也体验到了做一名老师的辛苦。以前看讲台上的老师讲课不觉得什么，可当自己真正当老师才明白难处。学生有不会的地方，怎样讲都不理解，要是以前，我肯定觉得学生不是很聪明，但是作为一名老师，把学生教会就是你的职责，这也教会了我如何带着耐心去诠释一件事情。

通过这次家教工作，我锻炼了表达能力，也学会了与不同性格的人打交道，这让我受益匪浅。

◎ 体会教师的"隐性"工作（高嘉浩）

百年大计，教育为本。教育离不开老师，教师是一个神圣的职业，教师的责任重大，担负着为国育人的重任。带着对教师这一职业的向往，我走进了课堂，体验一次做老师的感觉。

平时我们在课堂上听课，更多的是对这一职业的感性认识，因为教师的工作多是"隐性"的。妈妈作为一名老师，我对她的工作了解较多：教师工作表面看起来很清闲，但实际很辛苦，备课、批改作业、给学生答疑等，作为旁观者是体会不到的，更由于教师工作成果有滞后性，往往得不到理解与尊重。

今天我站在讲台上，目视前方，更体会到教师职业的神圣。教师能甘于奉献、不辞劳苦，不仅仅源于教师的职业道德，更是因为面对的是一双双求知的眼睛，因此再大的委屈与不理解都会抛到脑后，没有任何私心杂念，有的只是甘于吃苦的无私奉献精神、强大的责任心与神圣的使命感。

参与职业体验活动，是我们了解社会的一种渠道。体验父母的职业，了解他们的辛苦，教育我们要知恩感恩，不负父母的期望，立志成功成才。

◎ 医院检验科工作体验（李腾跃）

早晨7点50分，我跟随妈妈进入了她的工作科室——病区检验科来体验他们平时的工作。

虽然这个大屋子我曾无数次来过，但作为社会实践亲身体验还是第一次，心情多少有点儿忐忑。因为事关医学，科里的仪器和标本都不能随意触碰，所以我这个连皮毛都不懂的外行人只被允许见习。经过妈妈介绍，我知道了所有病区的血、尿常规，生化，血气，血凝之类的检测项目全部由这间屋子里不同的仪器完成。工作人员忙着开机，检测仪器，检查试剂，这些都是今天的工作能够顺利完成的基础。9点左右，病区各科室的标本陆陆续续地送来了，工作人员对标本进行了一一核对，再根据管帽的颜色将它们区分开来。根据不同的检测目的编号、离心，取出后按顺序放进不同的仪器进行检测，然后等待出结果。这一切在我看来很简单，但经过妈妈和同科室叔叔阿姨的讲解我才明白：这里的工作一点儿都不简单，我只看到了表面。病人手里最终拿到的一张张报告单，其实都是经过质控、实验、检测、检查、复核一步步慎重得来的。这里的每项工作都得认真再认真、仔细再仔细，连化验单都需要两个人反复核对无误后才能签字发出。检测过程中有些值过高或过低都需要复查，复查后还有疑问需要联系大夫或者护士询问病人是什么样的病人，采血过程是否顺利，采血方法是否正确，发现有危急值需要即刻通知主管大夫等，还需要懂得一些仪器简单的维修。这里面的学问大着呢。

　　不知不觉一上午的时间就这么过去了，通过这几小时的见习我对妈妈的工作有了进一步的理解。在以后的学习中，我要把他们那种严谨细心的工作态度应用到学习中来，努力改变自己，争取让学习有更大的提高。

◎ 观摩体验医生工作有感（苗冰妍）

　　提起医院，第一印象是什么？痛苦、冰冷，刺鼻的消毒水、恐怖的仪器？提起ICU，印象又是什么？绝望，生离死别？母亲是衡水市第四医院ICU的主治医师，在征得母亲同意的情况下，我跟随她来到医院，开始我的职业体验，一探那沉重大门后的世界。

　　早上8点，全科人在主任的带领下开始查房。查房，顾名思义，就是检查病房的意思。全科人在主任的带领下，走到每一位病人的病床前，对病人的病情进行具体分析，集思广益，探讨更好的治疗办法。由于病房内的病人病情都较重，身上的病原体也较多，需要相对干净的治疗环境，医生进入时要穿上几近隔离服一样的衣服，而且即使有母亲的带领我也不可以进入，只能在玻璃窗外看。查房时间视具体情况而定，有时十几个病人，查上1小时都有可能。在此期间，医生们都必须戴着口罩、头套，穿上特定的衣服，其闷热程度可想而知！查房结束后，我问母亲："蒙在里面闷吗？"她一笑："习惯就好了。"

　　本以为查房已经够累了，没想到只是预热。接下来的工作——家属约谈，才真正让我目瞪口呆。"×床，×××家属。""×××家属在吗？"沉重的门被无数次打开，一个又一个的名字打破了门外令人窒息的宁静。在此期间，每名医生都要对自己所负责的病人家属进行约谈，告知病人病情进展以及下一步的治疗措施，并征求家属意见。病人病情好转的，家属喜笑颜开欢天喜地；病人病情加重乃至病危的，家属悲恸欲绝，泪如雨下；支付不起治疗费用的，愁眉苦脸，唉声叹气；不理解医生治疗的，恼羞成怒，叫骂闹事。一条喧嚣异常的走廊，竟奇迹般汇聚了人生的悲欢离合，展现了命运的起伏跌宕。那一个个白大褂里的人，不厌其烦地一遍遍解释着病情，一次次安抚着情绪，哪怕口罩濡湿、嗓音嘶哑，也不曾有一个人停下，甚至连不耐烦的情绪都没有。

　　约谈过后，便各就各位开展具体的治疗了。我坐在母亲办公桌旁，看着她稍加思索，便精准地报出一个又一个拗口的药名，连剂量都能顺带而出，不禁让我心生敬佩。不知不觉间，时钟已走向11点30分，可算快下班了！可实际上有个词叫"事与愿违"。"×床呼吸骤停！""你在这里等着，我去抢救病人！"母亲一边麻利地戴上口罩，一边冲出去。由于抢救室不让进，我无法看到过程。1个多小时后母亲回来了，满头大汗，白大褂上血迹斑斑。"怎么样？""捡回一条命！"母亲接过我手上的水一饮而尽，脸上满是欣喜。

　　医者，确乎介于人与佛之间也！

◎ 医者仁心（王铭宇）

　　医者仁心，医者更是累心。通过职业体验实践，我体会到白衣天使的艰辛，也更深刻地感受到了"最美逆行者"美在何处。

　　我跟随医生，学习了一些基本的医学常识，如何用专业仪器测血压、心率，听诊器的使用等。

　　另外，让我记忆最深的，也是最累最枯燥的，是整理电子病历。数不清的病历要一个个整理汇总、分类，长时间地注视电脑屏幕使我眼干。况且我只是干了半天，更不用想医生夜以继日地工作有多辛苦了。

　　如今科技进步日新月异，人才的竞争更是瞬息万变，我们不仅仅要在学校努力学好文化知识，同时也要在今后的生活中、实践活动中去学去体验，从各方面武装自己、磨炼自己、提高自己。我会秉承学校追求卓越的校训，树立正确的人生观和目标，不断鞭策自己，努力提高思想认知水平，不忘初心，砥砺前行，做新时代的追梦人！

◎ 体验医生职业（李一杨）

　　在我心中，医生是个神圣的职业，穿白大褂，戴口罩，再厉害的人在医生面前也要乖乖听话，毕竟你是来求医看病的！

　　这天我体验了下医生这门职业，发现跟我想象的不太一样。张医生告诉我医生这门职业挺辛苦的，又是个回报和付出不成正比的职业。我看她工作的时候，的确要开很多单子，还要把数据输入电脑。她做得很熟练，几乎是不假思索直接写上去的。

值得一提的是张医生为两个老人看病。两位老人住院已经是家常便饭，与张医生已经很熟了。他们是夫妻，老大爷已经95岁高龄，老伴也已经92岁。张医生请老大爷躺在病床上，然后询问他的病情。老大爷年纪大了听不清楚，张医生连问好几遍他也没有听懂问题。张医生是个很有耐心的女医生，遇到这种情况她也没辙了，于是让他老伴问他。毕竟生活几十年了，两个人还是很默契的，老伴比画两遍老大爷就懂了，然后告诉医生哪里不舒服。看着相互依靠的两个人，我在心里默默祝福他们身体健康、长命百岁。再看看张医生，虽然她的病人是听力不好的老大爷，连说几遍也没懂，她依然很耐心，尽职尽责。

经过这天的职业体验，我对医生这门职业多少有了了解，如果我以后有幸当上医生，我会努力做个认真负责的好医生！

◎ 疾控中心体验有感（范樾尧）

"小范，你想去和爸爸体验做记者，还是跟我去疾控中心？"妈妈问道。我毫不犹豫地说："去疾控中心。"

在疫情影响下，衡水市的全部医疗卫生机构都已进入全面戒备状态，妈妈所在的疾控中心更是全力运转。一进大楼，我们就与全副武装的大部队走了个碰头，他们带着各种装备，分赴各小区、乡镇等人员密集场所，做流动调查。我跟随妈妈来到实验室参与了实验分析水质、食物等工作。在一天时间里，仅水的实验分析就有100多项检测内容。

妈妈告诉我，基层卫生工作劳动强度大，薪资待遇低，又因为预防医学专业毕业的医务人员没有处方权，这个专业也就成了冷门专业，县疾控已经7年没有招到专业人才了。虽然我知道妈妈不想让我从事防疫工作，但人活着就要证明自己的价值，我更需要的是实际的价值。我不会选择预防医学，因为我不喜欢一无所知的被动防御，我对深入研究病毒的生物医学有着更大的兴趣。通过这次新型冠状病毒暴发，我了解到，目前人类对狂犬病、艾滋病、埃博拉病毒等都无能为力，甚至对于人体自身细胞的癌变我们都束手无策。

在生物学方面，我们对生物的构造甚至对我们自身还知之甚少，生物学有着更广阔的研究空间，这也坚定了我的信心和决心，我一定要努力学习生物知识，勇担安全重任。

认识工商金融，感恩父母

◎ 小小保险员，工作琐又烦（耿天琪）

我的妈妈是一名保险代理人，从事保险行业已有13年的时间，学习专业知识、保单销售、客户服务、团队管理、培训授课是她的日常。之前，我对妈妈工作的认知仅仅是"跑保险的"，总是认为妈妈的工作很轻松，时间很自由，而且没有什么技术含量，当我接到"体验父母职业"这个实践题目时，我决定对妈妈的工作一探究竟。

因为双节，妈妈放假休息，虽然我没办法体验妈妈全部的工作日常，但是妈妈把我带到了她的工作地点参观，并详细地向我讲解了她每天的工作安排及实操过程。

我首先看到了"标准化早会流程"，这是每天早8点到10点40分的工作安排以及学习计划，新的一天就是这样开始的。早会结束后，妈妈会处理一些客户保全问题以及团队成员的问题，因为妈妈除了是团队长外还肩负着营业部功能组及公司培训讲师的重任，所以这个时间也会参加各种会议或者去培训班讲课，忙碌得常常到中午12点还不能结束工作。下午2点，是妈妈去见客户做保单销售以及老客户服务回访的时间。妈妈的业务能力一直是很不错的，专业程度也很高，这些通过平时和妈妈聊一些保险的话题就能感觉到，而且妈妈展柜上那么多的奖杯也足以证明妈妈的实力。下午6点，妈妈要回公司进行一天的工作总结并且填写当天的工作日志。我翻看了妈妈的工作日志，详细清晰地记录了每一天的工作内容以及对当天工作的检视。最后，我还看到了妈妈准备的授课PPT，很清晰、很专业。我没有想到，妈妈竟然还会制作PPT，顿时让我刮目相看。

之前的我认为，妈妈就是那个为我洗衣、为我做饭、为我安排生活学习的人，我看到的全是她在家庭中所做的一切，通过今天去她的职场感受她的工作日常，我体会到了她的辛苦并且对她又多了一份崇拜。

妈妈只有中专学历，却凭着对工作的执著和努力，通过不断的学习提升自己，从而获得了现在的成绩及荣誉。想到这儿，我也在检视自己：正值学习的年龄，没有生活压力，也没有工作压力，只是单纯地好好学习，我又凭什么不努力呢？

妈妈告诉我她今年的目标——冲刺IDA国际龙奖，说这是世界华人金融保险业的最高荣誉。我为妈妈加油，也为妈妈骄傲。妈妈努力上进的样子真的很美，我也要学习妈妈的目标感，对未来有规划，并且为了目标坚持，我在心里给自己也制定了一个目标。妈妈，让我们一起为了目标努力！我相信，越努力，越幸运！

◎ 我做会计师，工作要细致（张梦薇）

我们在都市生活中享受着种种快乐，父母却为了我们辛苦地操劳着。妈妈是一家公司的会计，今天我和她一起去了公司，体验她的工作内容，感受她每天的操劳。

到公司之后，妈妈就要开始做一天的账目了。各种报表堆在桌子上，一上午下来，我听见的全是一下下敲击键盘的声音。妈妈几乎一上午都没有离开过电脑，填写各种表格、做账等，到了下午又要整理公司一天的收入。

妈妈说其实会计的每项工作都要非常细致，比如，简单的会计处理还涉及工资发放与工资分配的处理。对工资的处理，远比我想象的要复杂得多，要根据工资项目表把项目中的各明细项目归到工资与奖金下，根据项目表计算填列工资汇总表，经领导审批签字后方可入账。这么一堆东西，真的是十分枯燥。但妈妈说，如果真的对会计感兴趣，就不会感觉枯燥了。

妈妈还给我讲解了会计需要做的各项工作。她告诉我当一名会计切忌粗心大意、马虎了事、心浮气躁。比如，原始票据的整理粘贴、经费报销支出单的填写及用法，科目汇总表、利润表等都需要仔细填写，一个不小心就可能造成很多数据的错误。直到今天，我才知道原来做一名会计要有这么多的事情做，以前总以为简单计算一下数据就可以了，原来妈妈每天要做这么多工作！

父母每天辛苦地去上班，有时候回到家还要忍受我们的小脾气，我们真的不应该任性，要多体谅父母的辛苦、感恩父母的爱。同时，职业体验又让我明白各行各业都是有挑战的，每一个行业都有自己所需要的专业知识。这次的体验让我对会计这个职业更加了解，使我开阔了眼界、增长了见识，对今后的人生规划也多了一份参考，以后也可以进行更多的职业体验来明确自己到底适合哪种职业。

其他劳动实践，提升自我

◎"经理"也很难（冯山山）

今天，我去体验了爸爸的职业——彩钢部门总经理。在那里，我得到了不少意料之外的收获。

早上7点30分到达爸爸的办公室里，看着那洁净明亮的办公室，我心中一阵激动，想着要大干一场。我坐在棕色厚重的大转椅上，感受到一种庄重的氛围。桌上一摞摞的复印纸张，一张张的数据单，代表的是无尽的数据工作！

坐在电脑前，看着表格中的数据，我的大脑不受控制地发热，我不禁想，爸爸每天看着这些数据，该是怎样的心情，该是怎样的痛苦。好不容易熬到中午，我来到楼下餐厅，看着那为数不多的菜品，我的内心又是一番痛苦。回到寝室，我便快快入睡，想要忘却上午的不快。下午的工作还是同上午一般令人烦躁，令人痛苦和绝望。到结束之时，我的心就像是一只放飞的风筝，自由了。

经过这一天的体验，我深深懂得了爸爸工作的难度，懂得了爸爸的辛苦，认识到平日任性的错误，我的爸爸是个伟大的父亲！我明白了各个职业都有各自的难处与心酸，明白了成年人工作的不易，明白了成年人的艰辛。

这次的职业体验给我留下了深刻的印象，可能是由于年龄逐渐增长，在每一年的职业体验中我都有不同的感受，而今年的职业体验尤为深刻，我感受到了爸爸的不容易，感受到了爸爸对这个家的付出与关爱。爸爸，您辛苦了，我爱您！

◎ 中医文化精深博大（杜佳硕）

今天，我到亲戚家的中医诊所进行了实践活动，领略了中医的博大精深，真的获益匪浅。

往常看到老中医为病人把脉，稍一思索便洋洋洒洒写出治病药方的画面，今天我也有幸体验了一下中医配药、煎药的过程。称药的秤小巧玲珑，尽显中国国粹之精。

做一名中医，首先要知道药的味道、药效及药用：当归味甜微苦，可以补气和血，调经止痛，润燥滑肠，抗癌，抗老防老；白芍味苦酸，具有养血调经、敛阴止汗、柔干止痛、平抑阴阳之功效；还有鹿茸、西红花、茯苓、莲子……

接着是称药。中医教我这样使用这杆秤：左手拿住绳，右手拨动秤砣，眼睛盯着秤杆上的刻度。一斤10个点，5个大的5个小的，每一个大的是2两，中间的小点是1两。我拿出要称的当归，抓出大约6两放入秤盘，小心拨动秤砣。6两！不多不少，恰到好处。我小心地把当归放入药盒中，接着称白芍，9两。我迅速地称好，放入盛药的药盒中。

之后是煎药。往锅中放入药材，倒入足量的水没过药材，充分浸泡药材，然后进行40分钟的煎药。煎药时要一直紧盯煎锅，不能让药汤溢出。

然后是晾药，对药剂充分吸收营养成分有帮助。

最后是一条龙的装袋。

短短半天时间下来，我已十分疲倦，但看着自己的成果，一股自豪之情油然而生。

写在后面
百术不如一清——劳动教育总结

  说起劳动，前两年很火的一本书中有一个观点——"百术不如一清"，意思是说采取很多办法来解决问题其实不如打扫好卫生来得简单、来得干脆。书中说到了劳动的很多好处：使人谦虚、可以成为有心人、培养感动之心、萌生感恩之情、磨砺心性。由此看来，其实劳动本身就是一堂精彩的德育课！

  古语云"艰难困苦，玉汝于成""居安思危，戒奢以俭"。一个没有戒骄戒躁、艰苦奋斗精神的民族，难以自立自强；一个没有戒骄戒躁、艰苦奋斗精神的政党，难以兴旺发达。戒骄戒躁、艰苦奋斗是党的光荣传统和优良作风，是共产党人必须保持的政治本色，也是党带领人民谋求发展的必然要求。郗校长也说过："戒骄戒躁，艰苦奋斗，是衡中发展的两大法宝。"

  艰苦奋斗精神的培养，不单单体现在学习上，劳动教育也同样不能忽视。

  马克思说过，任何一个民族，如果停止劳动，不用说一年，就是几个星期，也要灭亡。

  疫情期间，一键暂停。停工停产，失去劳动机会，让很多人的生存都受到威胁，让人们认识到劳动的重要性。2020年4月，中共中央、国务院印发了《关于全面加强新时代大中小学劳动教育的意见》。时代向我们有力地传达出一种信息：劳动教育正当其时。

  下面从四个方面分享我校劳动教育做法：学校劳动教育、劳动文化宣传、家长资源借力、校外劳动实践。

一、学校劳动教育

作为年级德育负责人，我们必须明白：劳动就是德育。

1.确保劳动课不被挤占

挤占劳动课就是变相告诉学生劳动不重要。

2.一定不能把劳动当惩罚

对于一般违纪，习惯"写反思+劳动改造"，这会让学生形成"劳动=惩罚"的错误观念，对于培养劳动意识百害而无一利。

3.劳动需要因地制宜，落到实处

《劳动》课本很好，但是和每所学校的实际情况有着不小的距离，脱离实际的劳动课没有任何价值，我们必须把劳动教育真真正正落到实处。千忙万忙，没有落实就是瞎忙；千招万招，没有落实就是虚招。

4.教给学生如何正确劳动

很多学生是真的不了解应该如何劳动，我们需要耐心教育好学生。比如，扫马路牙子而不是只扫路面；清洗黑板时，要顺着一个方向，至少两遍；拖地直着腰、一只手拿拖布是拖不干净的；拖地不能边拖边踩，要学会倒着走；拖布不能乱甩，递给别人扫帚时注意方向；知道讲台物品如何摆放，知道用完的拖布如何摆放；环境区杂物不能推到花坛里面；教室越是有垃圾袋越是容易脏……

5.人员安排=效率

一个班50人左右，绝对不是说50个人全体出动就叫劳动课。人多，表面上"轰轰烈烈"，实际上"浑水摸鱼"，不便于管理，效率低下，很可能造成"一个人干，一堆人看"，这样的劳动课是没有意义的，这就需要我们做好精细化的人员安排。

我们每周的教室和宿舍值日生、学生会同学进行检查，本身就是劳动。每周派出这部分同学，可以精细化安排，提升效率。正如郗校长所说："值周是劳动，检查卫生、查操也是劳动。"受此启发，我们也特意安排了班级执勤的工作。

6.劳动课安排

我们在劳动课的安排上，特意采取了"卫生打扫+活动体验"结合的方式，进行"劳动打卡"，让劳动不再是一成不变的体力活，让劳动的场所、内容有所变化，适当地增强劳动的趣味性。劳动不再是一种强制性的行为，让学生得以享受劳动的过程，体会劳动的乐趣，爱上劳动！

劳动课打卡单

取卷室	海航活动室	学生会活动室	文化石擦拭
4楼楼道	4楼、5楼连廊	孔子像擦拭	操场环境区
4楼会议室	备课区	教研室	求真馆3楼会议室
楼管体验活动	食堂体验活动	班级执勤体验活动	隐患排查体验活动
学生会体验活动	班主任/班长体验活动	电车摆放清理体验活动	箱子管理员体验活动

（1）学校劳动教育——卫生打扫

有的同学从未在5楼连廊眺望过远方，有的同学从未了解有个地方属于海航；有的同学不知道学生会活动室的模样，有的同学不知道环境区有多么空旷；有的同学不了解孔子像下虔诚的时光，有的同学不了解文化石旁信仰的力量。

劳动打卡的过程，本身就是践行"知校爱校荣校"理念的过程，通过劳动打卡，让学生遇见未知的衡中。

（2）学校劳动教育——八大体验活动

郗校长提出了"无活动不衡中"的理念，我们将劳动"活动化"，创造性地展开了八大劳动体验活动，让学生在不同的体验中丰富生活阅历、体验劳动魅力。八大劳动体验活动包括楼管体验、班级执勤体验、电车摆放清理体验、食堂体验、箱子管理员体验、学生会体验、隐患排查体验、班主任/班长体验。

①楼管体验。帮教学楼楼管清理一次水房，帮宿舍楼楼管拖一次长长的宿舍走廊。通过让学生体验楼管工作，让学生体会楼管的不易，培养学生爱护公共环境的意识。

②班级执勤体验。让同学们在课间操时间、吃饭时间在教学楼楼梯口维持秩序。让同学们了解到如果自己平时上下楼喧哗给别人造成了多大的影响，增强学生的纪律意识以及对规则的敬畏意识。

③电车摆放清理体验。将教学楼前的电车摆放整齐。

西扩校区电车棚距离教学楼略微有些远，骑电车上班的老师多，有时候老师着急辅导上课，电车摆放得不是很整齐。学生们帮助老师摆放电车，并且主动帮助老师们擦拭电车，将"知师爱师荣师"不仅仅落实在板报上，更落实在行动上。

同学们主动帮助老师们擦拭电车，擦亮的是电车，温暖的是老师们的心。

④食堂体验。请食堂工作人员介绍一天的工作流程，饭后收拾一次餐桌、拖一次地。

听大师傅们讲解一天的工作安排（凌晨4点，采买人员成了衡中起得最早的一批人；凌晨5点，大师傅们开始着手准备饭菜；早晨6点，打饭的工作人员收拾好餐厅卫生，准备迎来第一批学生），让学生体会大师傅们的辛劳，一粥一饭不是理所当然，当思来之不易，收拾好餐桌是文明规范，每个人都应该养成收拾餐桌的良好习惯。

⑤箱子管理员体验。宿舍楼晾衣间箱子摆放杂乱，让学生负责一周的整理摆放。整齐摆放的同时，让学生意识到自己日常行为的不规范，以后就会主动摆放好自己的箱子。

⑥学生会体验。跟随学生会同学进行一天的纪律、卫生、跑操检查。学生会是年级德育管理的重要组成部分，也是学生自治组织的重要一环。在工作开展的过程中，学生会同学和同学之间难免有一些小的摩擦。让同学们了解学生会的一天，增进对学生会同学的理解与支持，有利于后续工作的展开。

⑦隐患排查体验。让学生负责教学楼一周卫生死角和安全隐患的排查活动，主动发现问题。让学生参与到教学楼环境的日常维护中，从学生的视角发现卫生死角、安全隐患，及时整改，促进教学楼卫生和安全的提升。

⑧班主任/班长体验。全面接手班级一天的管理工作，跟操、盯自习、督促宿舍状态，关注常规检查结果。通过班主任/班长体验活动，学生理解了班主任的付出、体会到班长为同学们默默的服务奉献，以后能更好地配合班主任和班长的工作。

在这一活动中，我们提出了"班主任/班长体验十个一"的目标：陪伴跟操一次（到位、候操状态、跟操、观操），查看早读一次（早读声音、早读巡查）；书写一条寄语（班级中间竖着写），发现一个问题（晚新闻说），发现一个亮点（1~2个两点晚新闻说），查一次班级卫生（死角、桌子下、桌椅等），与学生谈话一次（动员临界生），召开一次小班会（晚三最后5分钟），督促晚休睡觉一次（提醒学习、督促睡觉），班主任交流感受一次和同学们分享感受一次小小班主任感受。

"十个一"让体验活动不是做做样子、走走形式，而是真正落到实处。

7.劳动后的有效反馈

劳动教育过后，离不开有效反馈。

①我们开展了"最美劳动少年"的评选，用镜头记录下孩子们劳动的精彩瞬间。

②劳动后，进行班会引领。记得班级组建初期，在一次劳动课后，我表扬了积极参与劳动的同学们，我说："你们就是我的盔甲！"一个男生大喊："老师，我们承包您一年的安全感！"因为劳动，一个刚刚组建的班级，班魂初步形成。

二、劳动文化宣传

我们开展了多种形式的劳动文化宣传活动。

1.班级评选每周之星——"劳动之星"。

2.电子展牌——加强劳动教育的宣传。

3.每周三每日一语，以劳动为主题开展。

4.参与"八大体验活动"的同学，在班会上分享心得。

5.开展"劳动最光荣"主题板报评比活动。

6.开展"工匠精神"主题团活课，介绍典型人物，弘扬工匠精神。

通过劳动文化宣传营造氛围，让同学们形成"辛勤劳动为荣，安逸享乐为耻"的风气，传播正能量。

三、家长资源借力

有句话叫"四体不勤，五谷不分"。如果开展劳动课只是打扫卫生、擦窗拖地，那劳动课的价值将大打折扣；如果能让学生分得清五谷、认得了家禽，我觉得这同样是一堂劳动课。

借力家长资源，以家长进课堂的形式，让家长制作课件，甚至是以实物形式真正带领学生认识农作物、认识生活；让家长讲述自己的劳动故事，激励学生。

四、校外劳动实践

我们的劳动课，不仅仅停留在学校内，也充分利用放假时间，让学生在家和家长互动，上一节"亲子劳动课"。"亲子劳动课"包括：让学生参加家务劳动，走上父母工作岗位进行职业体验。这不仅仅是让学生参与了劳动，更是为父母和孩子架起了一座沟通的桥梁，让孩子们放假不再只是与手机为伴，真正享受了难得的亲子时光，加强了与父母的沟通，加深了彼此间的了解，增进了彼此的感情。

1.学生参加家务劳动

静能挥笔著华章，动能掌勺做羹汤。都说让扫帚立起来很厉害，我们说让扫帚动起来的人最帅，形式多样的家庭劳动课程让我们的学生得到了全面的锻炼。

2.职业体验

学生和父母一起，走上父母的工作岗位，走向车间厂房、铁路商场、田间地头、工厂医院……学生不仅仅走近了这些职业、了解了职业特点，更是走进了父母心灵的世界，体会到父母的艰辛与不易。

苏联教育实践家苏霍姆林斯基说，必须让孩子知道生活里有一个困难的字眼，这个字眼是跟劳动、流汗、手上磨出老茧分不开的。这样他们长大后，才会大大缩短社会适应期，提高耐挫折能力。

学生成长，离不开"五育"并举；综合素质提升，离不开德、智、体、美、劳全面发展。劳动教育是一门成人成才的必修课！劳动教育，我们在路上！

图书在版编目（CIP）数据

衡中劳动教育课 / 王建勇，贾拴柱主编 . -- 北京：
人民日报出版社，2022.7

ISBN 978-7-5115-7406-0

Ⅰ. ①衡… Ⅱ. ①王… ②贾…Ⅲ. ①劳动教育—研究—中学
Ⅳ. ① G63.932

中国版本图书馆 CIP 数据核字（2022）第 115493 号

书　　　名：衡中劳动教育课
　　　　　　HENGZHONG LAODONG JIAOYU KE
作　　　者：王建勇　贾拴柱

出 版 人：刘华新
责任编辑：郭晓飞
封面设计：金　刚

出版发行 人民日报出版社
社　　　址：北京金台西路2号
邮政编码：100733
发行热线：（010）65369527　　　65369846　　　65369509　　　65369510
邮购热线：（010）65369530　　　65363527
编辑热线：（010）65363486
网　　　址：www.peopledailypress.com
经　　　销：新华书店
印　　　刷：大厂回族自治县彩虹印刷有限公司

开　　　本：710mm×1000mm　　　1/16
字　　　数：200 千字
印　　　张：11
版　　　次：2023年1月第 1 版
印　　　次：2023年1月第 1 次印刷

书　　　号：ISBN 978-7-5115-7406-0
定　　　价：45.00元